Controla tus Finanzas

en 30 días

Deborah Smith Pegues

PORTAVOZ

La misión de *Editorial Portavoz* consiste en proporcionar productos de calidad —con integridad y excelencia—, desde una perspectiva bíblica y confiable, que animen a las personas a conocer y servir a Jesucristo.

Título del original: *30 Days to Taming your Finances*, © 2006 por Deborah Smith Pegues y publicado por Harvest House Publishers, Eugene, Oregon 97402. Traducido con permiso.

Edición en castellano: *Controla tus finanzas en 30 días*, © 2008 por Deborah Smith Pegues y publicado por Editorial Portavoz, filial de Kregel Publications, Grand Rapids, Michigan 49501. Todos los derechos reservados.

Ninguna parte de esta publicación podrá reproducirse de cualquier forma sin permiso escrito previo de los editores, con la excepción de citas breves en revistas o reseñas.

A menos que se indique lo contrario, todas las citas bíblicas han sido tomadas de la versión Reina-Valera 1960, © Sociedades Bíblicas Unidas. Todos los derechos reservados.

EDITORIAL PORTAVOZ
P.O. Box 2607
Grand Rapids, Michigan 49501 USA

Visítenos en: www.portavoz.com

ISBN 978-0-8254-1602-6

1 2 3 4 5 edición / año 12 11 10 09 08

Impreso en los Estados Unidos de América
Printed in the United States of America

*Dedico este libro
a mi querido esposo, Darnell Pegues,
por su apoyo constante en todo lo que emprendo.*

Reconocimientos

Hace falta una multitud para escribir un libro. Este no es diferente.

Agradezco a todas las personas maravillosas en Harvest House Publishers por su cuidado y preocupación por cada aspecto de la publicación del libro de principio a fin. Su búsqueda de la calidad y de la importancia práctica en las publicaciones ministeriales es insuperable. Tengo el honor de trabajar con esta gran compañía.

Quiero agradecer a las siguientes personas por sus historias, comentarios, retroalimentación, oraciones e inspiración: el obispo Charles Blake y su esposa, Thom Singer, Tessie Thomas, J. P. Sloan, Pamela Johnson, Sylvia Gardner, Dexter Sharper, Sandra Arceneaux, Kelvin y Delisa Kelley, Alvin y Pam Kelley, Harold y Ruth Kelley, Carol Pegues, Janet Thomas, Creola Waters, Gina Smith, B. C. y Todd Talbott, Bunny Wilson, la doctora Barbara Young, la doctora Barbara Lewis, la jueza Mablean Ephraim, Fayetta Tasby, Vincent Bussey, Billie Rodgers, la doctora Barbara McCoo Lewis y muchos otros.

A mi madre Doris Smith, a mi padre Rube Smith y a mis seis hermanos: Bobby, Rube, Dale, Reggie, Gene y Vernon. Ustedes lo son todo para mí. Su apoyo me inspira.

A todos mis amigos que con paciencia toleraron y entendieron mi hibernación mientras escribía este libro, gracias por formar parte de mi vida.

Sobre todo, doy gracias a Dios, que es el autor y consumador de todo lo que hago.

Contenido

Prólogo 9

1. Escribe la visión 11
2. Mira dónde estás 17
3. Prepara tu plan 21
4. Financia primero los primeros frutos 27
5. Ahorra estratégicamente 34
6. Disminuye tu deuda 39
7. Pide lo que quieres 46
8. Investiga tu seguro 51
9. Limita tus lujos 57
10. Deja de hacer comparaciones 61
11. Despeja el desorden 64
12. Aprovecha al máximo tu tiempo 70
13. Gasta de forma inteligente 75
14. Hazlo tú mismo 80
15. Come económicamente 83
16. Reestructura tu entretenimiento 90
17. Gasta en sincronía con tu cónyuge 94
18. Reduce los regalos 100
19. Mejora tus conocimientos financieros 106
20. Elimina gastos emocionales 111
21. Medita tus compras 115
22. Acaba con los consentimientos 119

23. Desecha la falta de honradez 123
24. Cuidado con el despilfarro 128
25. Mejora tu imagen 132
26. Deja de postergar 137
27. Saca provecho de tu pasión 142
28. Afronta los hechos con fe 146
29. Busca apoyo 151
30. Cultiva el contentamiento 156
    Epílogo 161
    Apéndice A: Lo que poseo y lo
       que debo 163
    Apéndice B: El dinero que gano y cómo
       lo gasto 164
    Apéndice C: Seguimiento de tus gastos
       variables 166
    Apéndice D: Visión prematrimonial 20/20.
       Prueba de compatibilidad financiera 174
    Apéndice E: La trampa de las tarjetas de
       crédito 176

Prólogo

Bienvenido al campamento de entrenamiento financiero. Voy a ser tu cordial sargento instructor los próximos 30 días. Espero que seas receptivo a mis consejos. Realmente no quiero arrastrarte dando patadas y gritando por el camino de la libertad financiera. Durante nuestro viaje, voy a pedirte que abordes algunas cuestiones que pueden haberte mantenido en la esclavitud financiera. Te hablaré también sinceramente de mis propios problemas y triunfos financieros para que puedas aprender de mi experiencia.

Este libro no trata únicamente de cómo gastar menos. Un gasto excesivo es síntoma de un problema más profundo. En lugar de poner una curita sobre un cáncer, afrontaremos algunas de las causas principales. Cuando reconozcas los comportamientos subyacentes que han hecho que tus finanzas giren en una espiral fuera de control, tengo la esperanza de que te sientas motivado a hacer cualquier cambio que sea necesario. Los breves capítulos siguientes no tienen la intención de ser una discusión a fondo sobre este asunto, sino más bien un esfuerzo consciente que te haga mirar más allá de la superficie de los temas financieros.

El dinero es importante para nuestra existencia. El rey Salomón, el sabio del Antiguo Testamento, declaró: "el dinero sirve para todo" (Ec. 10:19).   En efecto, así es. Pero aunque se puede comprar *todo* lo que necesitamos, el dinero no lo es *todo*.

Jesús hizo del dinero un tema clave en sus enseñanzas. De sus 29 parábolas, 16 trataron sobre finanzas y bienes. Nuestra forma de manejar el dinero es un indicador clave de nuestra espiritualidad.

Tus finanzas pueden estar fuera de control hoy, pero puedes decidir ahora que esto sea solo una realidad temporal. Si sigues fielmente los principios de este libro, te prometo que lograrás un cambio en tu mundo financiero. Prepárate a recibir la verdad pura y simple en un estilo directo que te retará a hacer los cambios que sean necesarios para disfrutar de la vida abundante que Dios desea para sus hijos.

Día 1
Escribe la visión

*Escribe la visión y declárala en tablas,
para que corra el que leyere en ella.*

Habacuc 2:2

A diferencia del fallecido doctor Martin Luther King hijo, tú puedes pensar: "No tengo un sueño". La verdad es que todos tenemos un sueño o una visión. Por alguna razón que solo tú sabes, puede que tengas miedo de permitirte soñar lo que te gustaría ver en tu mundo financiero. Puedo garantizarte que si no lo pones por escrito, las posibilidades de que suceda se reducen a cero.

Tu visión financiera total, como hijo de Dios, debería ser la de un administrador excelente del dinero que Dios te confía. Tus *objetivos*, frente a tu *visión*, son esos logros a largo y a corto plazo que planificas llevar a cabo a fin de conseguir que tu visión se haga realidad. Tus objetivos deberían emanar del corazón de Dios y no de tu propia naturaleza carnal o de tus deseos. Así que, antes de establecer firmemente tu visión y objetivos, no olvides presentárselos a Dios. Invierte algún tiempo orando a solas, y con otra persona que sepas que es sensible a la voz de Dios. "Encomienda a Jehová tus obras, y tus pensamientos serán afirmados" (Pr. 16:3).

No cometas el error de despilfarrar tu dinero y tus esfuerzos solo para darte cuenta más tarde que subes al éxito por la escalera equivocada. Con frecuencia recuerdo la historia del rey piadoso Josafat, que invirtió trabajo duro y capital en una empresa de construcción naval que nunca llegó a despegar.

> *Pasadas estas cosas, Josafat rey de Judá trabó amistad con Ocozías rey de Israel, el cual era dado a la impiedad, e hizo con él compañía para construir naves que fuesen a Tarsis; y construyeron las naves en Ezión-geber. Entonces Eliezer hijo de Dodava, de Maresa, profetizó contra Josafat, diciendo: Por cuanto has hecho compañía con Ocozías, Jehová destruirá tus obras. Y las naves se rompieron, y no pudieron ir a Tarsis* (2 Cr. 20:35-37).

Escritos o no, los proyectos están destinados a fallar si no están en armonía con la voluntad de Dios. "¡Ay de los hijos que se apartan, dice Jehová, para tomar consejo y no de mí; para cobijarse con cubierta, y no de mí espíritu, añadiendo pecado a pecado!" (Is. 30:1).

Una vez que tengas luz verde de Dios, escribe tu visión total y tus objetivos. Los objetivos escritos dan energía.

Día 1: Escribe la visión 13

Cuanto más los lees, más animado te sientes hacia ellos. Tienes que dividir tus objetivos en dos categorías: a corto y a largo plazo. Los objetivos a corto plazo representan lo que te gustaría lograr dentro de los próximos tres años. Los objetivos a largo plazo serían tus deseos para un período de cuatro a diez años a partir de ahora. Decide el orden de prioridad de cada uno según su importancia para ti e indica una fecha específica de cuándo planeas llevar a cabo dicho objetivo. Un objetivo sin una fecha de vencimiento es solo un deseo.

Tengo una conocida que afirma que ella realmente quiere escribir un libro. "Escribí tres capítulos hace aproximadamente diez años", se lamenta. "Lo terminaré algún día". "Algún día" es la fecha en la cual cada uno planea ponerse en forma, pagar tarjetas de crédito, pedir perdón por el mal comportamiento y una gran cantidad de otros proyectos positivos o necesidades temidas. Algún día es ningún día. Cada objetivo debe tener una fecha en la cual suceda algo que te acerque al resultado final. Hay una línea en el himno popular "No cedas a la tentación" que dice: "Cada victoria te ayudará a ganar otra". Estas victorias provisionales te mantienen motivado para seguir adelante.

Presento aquí una lista de objetivos posibles a corto y a largo plazo para ayudarte a comenzar:

Objetivos a corto plazo:

Habré ahorrado tres meses de gastos antes de _____.

Habré dejado mi trabajo y comenzado un negocio antes de _____.

Habré eliminado toda la deuda de las tarjetas de crédito antes de _____.

Habré tomado las vacaciones de mis sueños a _____ antes de _____.

Me habré mudado a mi propio apartamento antes de _____.

Habré finalizado mis estudios universitarios antes de _____.

Objetivos a largo plazo:

Habré ahorrado $ _____ para los gastos de la universidad de mi hijo antes de _____.

Habré comprado una casa antes de _____.

Habré invertido al menos $ _____ en mi fondo de pensiones antes de _____.

Incluso si no alcanzas la fecha fijada como meta, el conocimiento de una fecha límite dará ímpetu a tu esfuerzo. Sigue avanzando. No tienes que pensar en un número astronómico de objetivos ahora mismo. Comienza sólo con uno. Tener éxito en una cosa puede acrecentar tu esperanza. Escríbelo a mano o a máquina en letras mayúsculas. Comienza con las palabras: "Por la gracia de Dios, voy a _____ antes de _____". Sé enérgico. "Voy" es más tajante que "voy a intentar" o "tengo la esperanza de". Para mantenerte responsable y fiel a tus objetivos, compártelos prudentemente con alguien que haya demostrado que te apoya. Dale una copia y el permiso de supervisar tu progreso.

Una vez más, quiero advertirte que antes de que establezcas firmemente tus objetivos, es importante que te preguntes: "¿Estos objetivos representan mi visión o la de alguien más?" "¿Quiero realmente volver a estudiar y conseguir el título universitario, aunque esté ganando el dinero suficiente, o solo estoy apaciguando los deseos de mi cónyuge gruñón que desea conseguir una posición social más elevada?" Si tus objetivos no están inspirados por Dios y no puedes perseguirlos con todas tus fuerzas, cuando las cosas se tornen difíciles a lo largo del camino, tu motivación puede verse menguada ante los inevitables problemas haciendo que te sientas molesto contigo mismo, y con la persona que te empujó a ellos. Hay historias interminables de personas que fueron a la universidad y se especializaron en temas en los cuales tenían poco interés, pero lo hicieron así para contentar a padres insistentes. En muchos casos, tienen puestos de trabajo que no les llenan, muy bien remunerados, pero se sienten atrapados debido a su estilo de vida elevado y sus obligaciones financieras correspondientes. Haz examen de conciencia antes siquiera de comenzar.

Debes estar personalmente entusiasmado con las ventajas de alcanzar tu objetivo. Jesús "por el gozo puesto delante de él sufrió la cruz, menospreciando el oprobio, y se sentó a la diestra del trono de Dios"

(He. 12:2). Cuando Jesús murió en la cruz, Él había conseguido su visión. Él dijo: "Consumado es" (Jn. 19:30). Misión cumplida.

Día 2
Mira dónde estás

Sé diligente en conocer el estado de tus ovejas.
Proverbios 27:23

"Usted está aquí" fueron las primeras palabras que vi en un enorme mapa cuando entré en un centro comercial de Las Vegas. Por simple que parezca, era una información muy estratégica. Yo había venido al centro comercial con el objetivo de comprar algo en una tienda concreta. Tenía que evaluar mi posición antes de emprender el camino a dicha tienda. De otra manera, habría vagado sin rumbo fijo, posiblemente me habría distraído con la mercancía en otras tiendas y quizá nunca hubiera alcanzado mi destino.

El control de nuestras finanzas funciona de la misma manera. Muchos de nosotros ponemos gran empeño pero acabamos dando vueltas en círculo porque no nos detenemos para examinar nuestra situación. Somos como aquel piloto de una línea aérea comercial que, durante un vuelo de un extremo a otro del país, anunció lo siguiente: "Señoras y señores: Tengo noticias buenas y noticias malas. Primero, las buenas: debido a corrientes de aire favorables, podemos ir más rápido que de costumbre. Las malas son que la brújula está rota y ¡no sabemos dónde estamos!"

Debes determinar dónde estás antes de comenzar a buscar el camino a tu destino financiero. Para contestar la pregunta: "¿Dónde estoy?" debes observar dos aspectos de tus finanzas: (1) lo que posees y lo que debes y (2) el dinero que ganas y cómo lo gastas.

El primer aspecto se logra rellenando una declaración financiera o un estado de cuentas. Mira el formulario en el apéndice A. Esta declaración resume tus activos y tus pasivos.

Tus activos consistirán en todo lo que posees de valor. Esto incluye cuentas bancarias, cuadros, joyas, pieles, deudas cobrables de préstamos hechos a otras personas, el valor en efectivo de las pólizas de seguro de vida total, etcétera. Pon en una lista los autos y bienes inmuebles, aunque todavía los estés pagando. ¡Cuidado! Muchas personas incluyen erróneamente la cantidad de la cobertura de la póliza del seguro de vida a su término. Este no es un activo que puedas canjear por dinero en efectivo hoy. Se convierte en un activo para tus herederos a tu fallecimiento.

Ahora nos iremos a los pasivos. Aquí incluirás deudas a plazos, saldos de tarjetas de crédito, préstamos personales, crédito hipotecario y todo lo que debes. Hablaremos de cómo manejar tu deuda en un capítulo posterior. De momento, solo vamos a calcular cuánto

Día 2: Mira dónde estás

debes. No juegues al "avestruz" conmigo escondiendo la cabeza en la arena. Afronta la verdad. Toma las cuentas de tus tarjetas de crédito y escribe cada saldo pendiente de pago. Si estás más o menos al límite en todas tus tarjetas, no te preocupes, hay muchos en tu misma situación. Además, voy a mostrarte cómo salir del hoyo de las deudas.

Para el segundo aspecto, ¿cuánto dinero gano y cómo lo gasto? tendrás que trabajar un poco más. Esta información está resumida en la declaración de ingresos y gastos. Mira en el formulario del apéndice B. Aquí pones en una lista todos los ingresos que llevas a casa de distintas fuentes. Pondrás los gastos en dos categorías básicas: gastos fijos y variables. Los gastos fijos son los que seguirás teniendo cada mes haya ingresos o no: el alquiler o el pago de la hipoteca, el pago del auto, el seguro, etcétera. Los variables son gastos que puedes controlar de un mes a otro. Si tus finanzas están fuera de control, es muy posible que no seas totalmente consciente de cuánto consumes en gastos variables: alimentos, cuidado personal, entretenimiento, etcétera. Así que, durante al menos dos semanas (sería preferible un mes), vas a determinar cuánto gastas en el área "variable", sobre todo si haces viajes frecuentes al cajero automático y gastas principalmente dinero en efectivo.

Para hacerte esto un poco más fácil, he incluido en el apéndice C una hoja de trabajo para ayudarte a supervisar los gastos. Anota cada gasto variable que tengas siete días seguidos durante cuatro semanas.

Puedes resumir las categorías de gastos más tarde. Este proceso puede parecer engorroso, pero te dará resultado. Haciendo esta inversión de tiempo a corto plazo para ver adónde va a parar tu dinero, tendrás la información adecuada que te permitirá vigilar tus gastos a largo plazo. Así que hazlo.

Una vez más te advierto que seas realmente honesto. Algunas personas sabotean este proceso poniendo en una lista lo que creen que deberían estar gastando en lugar de la realidad. Es muy importante completar este ejercicio porque esto revela tus verdaderas prioridades financieras, no las que afirmas que son. Imagina que yo encontrara tu talonario de cheques. Sin la más leve crítica, podría concluir después de examinarlo cuáles son tus prioridades de gastos. Así que te digo de nuevo: anota sólo la verdad. Veremos un plan ideal de gastos en el siguiente capítulo.

En este punto no tienes que intentar hacer cambios en tu manera de actuar. Solo tratamos de identificar dónde están ahora tus problemas de gastos. Probablemente te impresionará ver adónde va el dinero. Presta especial atención a las cantidades que gastas en almuerzos, tentempiés, periódicos y otras cosas. Quedé realmente desconcertada cuando mi marido Darnell y yo pasamos por este proceso hace dos años y vimos cuánto gastábamos en comer fuera y en artículos relacionados con la diversión. Mi respuesta inmediata fue recortarlo todo, pero esa no es la mejor solución. Veamos cuál es.

Día 3
Prepara tu plan

Los pensamientos del diligente ciertamente tienden a la abundancia.

PROVERBIOS 21:5

Nélaton, el gran cirujano francés, dijo en una ocasión: "Si tuviera cuatro minutos para realizar una operación de la cual dependiera una vida, tomaría un minuto para considerar cómo hacerla mejor". El adagio: *Si dejas de planificar, planificas tu propio fracaso*, puede parecer muy trillado pero sigue siendo verdad.

Ahora que has determinado dónde te encuentras, estás listo para trazar tu rumbo no a la riqueza, sino a la libertad financiera. La libertad financiera es simplemente estar libre de ansiedad respecto a los asuntos financieros. El desarrollo y la realización de un plan eficaz —no me atrevo a usar la palabra "presupuesto"— implica cuatro acciones principales: (1) determinar dónde gastas actualmente el dinero, (2) evaluar los gastos a la luz de tus objetivos financieros, (3) identificar y eliminar comportamientos o circunstancias que conducen a gastos innecesarios y (4) controlar tus gastos actuales para asegurarte de que están en consonancia con tus objetivos financieros. Ya completaste el primer paso en el capítulo anterior, así que estás preparado para los pasos 2 al 4.

Independientemente de los objetivos que establezcas, tu estrategia debe ser diseñada para llevarte en esa dirección. Por ejemplo, si tu objetivo a largo plazo es ahorrar suficiente dinero para el pago inicial de una casa, no puedes seguir comprando ropa de marca con la tarjeta de crédito cada mes. De hecho, tu objetivo debería ser eliminar tanta deuda de las tarjetas de crédito como sea posible de modo que puedas mejorar tu puntuación FICO (hablaremos de esto más tarde), lo cual determinará la tasa de interés de tu hipoteca y tendrás efectivo suficiente para pagarla cómodamente sin necesidad de pasar las vacaciones en el jardín de tu casa. Nunca llegarás al oeste si vas en dirección al este. Te animo otra vez a que observes tus objetivos en el capítulo anterior y veas si estás listo para seguir un plan que te conducirá hacia donde quieres estar. Dedicaremos el resto de este libro a ver qué deberías y qué no deberías hacer para llevar tus proyectos a buen término.

Ya que la situación financiera de cada persona es única, no hay ningún presupuesto estándar que encaje en todos los casos. Tu plan dependerá en gran parte del lugar dónde vives, de tu estado civil y de otras circunstancias personales. Sin embargo, voy a presentarte algunas pautas generales sobre cómo sería

Día 3: Prepara tu plan

un plan típico de una persona que trata de controlar sus finanzas. Para mayor claridad, el ejemplo supone un sueldo anual bruto de 36.000 dólares.

Ejemplo de plan de gastos	%	Mensualmente	Anualmente*
Ingreso bruto	100,00%	3.000	36.000
Vivienda	28,00%	840	10.080
Diezmos/ofrendas/regalos	11,00%	330	3.960
Ahorros a corto plazo	3,00%	90	1.080
Ahorros a largo plazo/inversiones/jubilación	3,00%	90	1.080
Reducción de deuda/otros	4,00%	120	1.440
Seguros	2,00%	60	720
Transporte	12,00%	360	4.320
Alimentos	13,00%	390	4.680
Entretenimiento/vida social	5,00%	150	1.800
Subtotal antes de impuestos	81,00%	2.430	29.160
Impuestos de Seguro social/Medicare	7,65%	230	2.754
Impuestos federal/estatal/otros	11,35%	340	4.086
Gastos totales	100,00%	3.000	36.000

*Para facilitar el entendimiento, los números han sido redondeados.

Tendrás que considerar cada casilla en relación con tus circunstancias personales. Por ejemplo, si estás casado, tienes un compañero de piso o vives en casa con tus padres, tus gastos de vivienda pueden ser muy inferiores ya que los compartes con otros. Puedes entonces asignar algunos fondos excedentes de esta área a otra categoría. Ten presente que tus gastos de vivienda incluyen todo el dinero que gastas para vivir en tu hogar: los servicios de agua, gas, electricidad, teléfono, mantenimiento, etcétera.

Cuando examinaste el presupuesto de muestra, seguro que te fijaste en que la categoría del diezmo, ofrendas y regalos parece suponer una parte significativa de tus fondos disponibles. En el siguiente capítulo veremos si esto es algo que deberías eliminar de momento hasta que logres poner tus finanzas en orden.

Cuando pasas a la categoría de ahorros a corto plazo, tu objetivo final debería ser ahorrar al menos el salario neto de dos meses. En el caso mostrado anteriormente, ahorrar 90 dólares al mes no va a conducirte a este resultado rápidamente. De hecho, a ese ritmo, tardarías 54 meses en ahorrar 4.860 dólares. Está claro que tendrás que reducir otro grupo de gastos para conseguir más rápido tu objetivo.

El apartado de ahorros a largo plazo supone que trabajas para un empleador que destina al menos el 3% de tu sueldo bruto a un plan de jubilación y que tú destinarás la misma cantidad. Trataremos de ahorros y otros aspectos del plan en otros capítulos.

Día 3: Prepara tu plan

Una cosa a tener presente consiste en que tu plan de gastos no debería ser visto como una espiral descendente hacia la privación. Es sumamente importante incorporar el entretenimiento y la diversión. No deberíamos esforzarnos sólo por intentar tener una buena vida en el futuro. Por muy sabios que seamos hoy, el mañana no está prometido a nadie.

Quiero advertir que va a ser mucho más difícil poner en práctica el control de tus gastos actuales si no tienes un sistema eficaz para hacerlo. Y casi puedo garantizar que alguien que no tiene una cuenta corriente, sino que más bien se dedica a cobrar sus cheques y pagar las cuentas con dinero en efectivo, estará siempre incapacitado económicamente (léase "al borde de la quiebra económica").

Hay en el mercado algunos programas informáticos maravillosos y fáciles de usar que te ayudarán no solo a escribir cheques, sino también a hacer que el seguimiento de tus finanzas sea muy fácil. Apretando un botón, estos programas te proporcionan un informe completo de ingresos y gastos por categoría. Programas como *Quicken* están disponibles en la mayoría de las tiendas de informática y material de oficina a un precio bastante asequible. También te permite establecer tu plan de gastos y comprobar tus gastos actuales.

Desde luego, si no sabes usar la computadora y quieres un plan súper simple para rastrear tus gastos, pon la cantidad de efectivo planeada en el presupuesto para cada categoría en sobres de tamaño carta para todo el período. Por ejemplo "almuerzos" tiene un presupuesto de 25 dólares. Pon 25 dólares en el sobre. Cuando se acabe, no hay más comida. O puedes decidir tomar prestado de otra categoría y renunciar a ella en consecuencia.

Ahora que has preparado el plan, es el momento de hacerlo funcionar. El plan que estableces determinará tu calidad de vida tanto ahora como en el futuro.

Día 4

Financia primero los primeros frutos

Honra al Señor con tus riquezas y con los primeros frutos de tus cosechas.

Proverbios 3:9 NVI

He visto a muchas personas tratar de poner a Dios a un lado con la intención de iniciar o reanudar una relación financiera con Él una vez que todo está en su lugar. Esto es ridículo, porque cuando todo se ha dicho y hecho, la esencia de un plan financiero es determinar el mejor modo, como un gerente, de manejar el dinero de Dios que Él te ha confiado. La verdadera cuestión no es cuánto dinero planeas dar a Dios, sino más bien cuánto de su dinero conservarás para ti.

Diezmos

La máxima prioridad en una estrategia financiera que honra a Dios es cumplir con tu obligación mediante el pago del diezmo. El diezmo es el primer 10% de tus ingresos. Muchas personas discuten si dar el diezmo es estrictamente una ley del Antiguo Testamento que ya está obsoleta o no. Unos han dicho incluso que no podemos usar las palabras de Jesús en Mateo 23:23 como justificación para dar el diezmo en el Nuevo Testamento.

> *¡Ay de vosotros, escribas y fariseos, hipócritas! porque diezmáis la menta y el eneldo y el comino, y dejáis lo más importante de la ley: la justicia, la misericordia y la fe. Esto era necesario hacer, sin dejar de hacer aquello* (Mt. 23:23).

Si Jesús dice que yo "debería" hacer algo, no creo que deba debatirse la cuestión.

Si eres una de esas personas que dicen que no pueden dar el diezmo, quiero decirte por qué puede que sea así. Es posible que en tus finanzas no hayas dado a este acto de adoración la máxima prioridad. Lo que realmente estás diciendo es que cuando pagas todas tus cuentas y otras prioridades, no te sobra nada. Bien, amado amigo, Dios no quiere lo que sobra, Él quiere lo correcto. Siempre puedes pagar algo que consideras prioritario.

Estoy totalmente convencida de que Dios ha sido fiel en proveer para mí porque he sido fiel en mis diezmos. En nuestros 26 años de matrimonio, Darnell y yo nunca hemos omitido el pago de nuestros diezmos. Sabemos que esto es un milagro en sí mismo, ya que hubo varias ocasiones en las que parecía que necesitáramos el dinero para tapar un agujero financiero o para otros objetivos. Pero mantuvimos el rumbo y nunca dejamos de separarlo al principio.

Veo mis diezmos del mismo modo que veo las primas del seguro de mi automóvil. El estado de California exige que cada dueño de vehículo tenga un seguro; y a quien más interesa el pago de la cobertura es al dueño, ya que le protege contra la pérdida. Cuando uno ha obedecido la ley y conseguido el seguro requerido, puede descansar confiado en que no perderá todo lo que posee si sufre un accidente de auto. Del mismo modo, cuando pago mi diezmo, me aseguro contra la carencia. Como he cumplido el requisito, descanso segura de que Dios me cubre económicamente.

> *Traed todos los diezmos al alfolí y haya alimento en mi casa; y probadme ahora en esto, dice Jehová de los ejércitos, si no os abriré las ventanas de los cielos, y derramaré sobre vosotros bendición hasta que sobreabunde* (Mal. 3:10).

Si das el diezmo y sigues teniendo problemas, creo que has de leer los 30 capítulos de este libro para ver cómo puede estar contribuyendo a tu dilema el hecho de no manejar el 90% restante según los principios bíblicos. Dios nos reta a ponerlo a prueba, aun cuando tengamos muy poco. Mira lo que Él hizo por la viuda que compartió el último de sus víveres con el profeta Elías. "Entonces ella fue e hizo como le dijo Elías; y comió él, y ella, y su casa, muchos días. Y la harina de la tinaja no escaseó, ni el aceite de la vasija menguó, conforme a la palabra que Jehová había dicho por Elías" (1 R. 17:15-16). Dios recompensa la obediencia.

Otra pregunta que surge con frecuencia es si deberíamos calcular el diezmo sobre ingresos netos o brutos. Creo que deberíamos darlo sobre nuestro ingreso bruto, porque nuestros impuestos y otras deducciones son obligaciones del mismo modo que nuestros diezmos son para Dios. Sin embargo, si eres dueño de un negocio, tu diezmo debería estar basado en el importe bruto del beneficio, y no en el ingreso bruto del negocio antes de la deducción de salarios de empleados y otros gastos del negocio.

La multimillonaria Oprah Winfrey dice que pagó sus diezmos cuando su ingreso era solo de 10.000 dólares anuales. Yo comencé a pagar el diezmo cuando recibía 10 dólares al mes como regalo de mi padre durante mis primeros años de universidad. Hoy, Darnell y yo damos el diezmo regularmente y tenemos el privilegio de contribuir a proyectos especiales y otras necesidades de la iglesia. Agradezco mucho que mis consejeros espirituales me enseñaran a dar el diezmo desde tan temprano en mi vida. Creo que es mucho más difícil comenzar a dar el diezmo cuando se gana un sueldo grande que cuando el diezmo es pequeño. Satanás exagerará siempre la cantidad y tratará de convencerte de que es demasiado dinero para simplemente regalarlo. Independientemente de lo que recibo, sé que al menos el 10% pertenece a Dios y no hago ningún proyecto para usar esa parte. Además, ante cantidades inesperadas, me pararé y le preguntaré a Dios si hay alguien a quien tengo que bendecir. Muchas veces Él nos usa como un canal para sus recursos. Oí a alguien decir: "Dios te lo consigue cuando sabe que Él puede conseguirlo a través de ti".

Ofrendas

Fíjate que pagamos el diezmo (o décimo) porque nos lo exigen. Un segundo nivel de dar, además del diezmo, son las ofrendas. Una ofrenda es como la propina por la comida en un restaurante. Decir: "solo voy a dar una ofrenda porque no puedo dar el diezmo" es como decir. "Solo voy a dar una propina porque no puedo pagar la comida". Junto con nuestros diezmos, Dios espera ofrendas, esto queda evidenciado por su pregunta en Malaquías 3:8: "¿Robará el hombre a Dios? Pues vosotros me habéis robado. Y dijisteis: ¿En qué te hemos robado? En vuestros diezmos *y ofrendas*" (cursivas añadidas). La cantidad que das de ofrenda y a quién se la das depende completamente de ti.

Limosnas

El tercer nivel de la obediencia financiera son las limosnas. Estas son las obras que hacemos en favor de otros en forma de dinero o bienes. Hay quienes piensan que pueden distribuir algunos de sus diezmos directamente al pobre en la modalidad de limosnas. Debemos saber que se nos exige que traigamos todos los diezmos a la casa de Dios para sus provisiones. Si asistes a una iglesia que no ayuda al necesitado, considera si este es el lugar al que Dios te ha llamado para adorar. No decidas simplemente que arreglarás el problema desviando tus diezmos.

Dios admira las limosnas. Proverbios 19:17 dice: "A Jehová presta el que da al pobre, y el bien que ha hecho, se lo volverá a pagar". Imagínatelo. Cuando ayudas a alguien necesitado, Dios en esencia escribe un pagaré. Lo interesante consiste en que Él nunca lo olvida. Él sigue devolviéndotelo una y otra vez.

Cornelio el centurión dio generosamente a quienes padecían necesidad. Cuando Dios decidió bendecirlo a él y a su casa, le envió este mensaje por medio de un ángel: "Tus oraciones y tus limosnas han subido para memoria delante de Dios" (Hch. 10:4). Un monumento conmemorativo hace que algo permanezca en el recuerdo de forma perpetua. Cornelio simplemente ayudó al pobre y Dios se obligó a devolverlo.

Hace muchos años, mi esposo y yo enviamos a una evangelista muy agotada y respetable a un viaje que nosotros mismos habíamos deseado realizar desde hacía mucho tiempo. Sabiendo que ella necesitaba el descanso y la serenidad de aquella lujosa isla hawaiana, y al ser conocedores de que ella no podía pagar un viaje así, de buena gana patrocinamos el viaje para ella y su esposo. Desde entonces, hemos cosechado —y seguimos cosechando— muchos maravillosos viajes de aquella semilla. Tanto en cruceros de lujo a bajo o ningún coste, como en excursiones de primera clase a las partes

Día 4: Financia primero los primeros frutos

más remotas del mundo, el Señor ha demostrado su fidelidad. Nunca olvido que cada viaje ha sido resultado de aquella semilla que sembramos al dar.

Si quieres ver un cambio real en tus finanzas, confía en Dios y comienza a pagar tus diezmos, a dar ofrendas y ayudar al pobre. Realmente no puedes ganarle a Dios en dar.

Día 5
Ahorra estratégicamente

Las hormigas, animalitos de escasas fuerzas,
pero que almacenan su comida en el verano.

Proverbios 30:25 NVI

Después del terremoto de 1994 en Los Ángeles, trabajé como asesora especial para una entidad que proporcionaba préstamos de emergencia a personas que habían sufrido pérdidas. Quedé asombrada al ver el poco dinero que habían ahorrado las personas nacidas durante una explosión demográfica de la clase media. Muchas de sus posesiones como casas, autos y juguetes caros llevaban sus correspondientes enormes préstamos. Muy pocos habían hecho alguna previsión para un desastre. Su modo de vivir como la generación "vive el presente" era muy evidente. Me recordaron la advertencia del rey Salomón: "El avisado ve el mal y se esconde; mas los simples pasan y reciben el daño" (Pr. 22:3).

Algunos planificadores financieros aconsejan a sus clientes que "se paguen a sí mismos primero" reservando del 5 al 10% de su ingreso bruto directamente para sí desde el principio. Me ofende este pensamiento mundano del "yo primero". Como comentamos en el capítulo anterior, debes pagar primero a Dios tus diezmos y ofrendas y luego puedes comenzar a abordar tus objetivos a corto y a largo plazo.

Tu objetivo a corto plazo más urgente es asegurarte para una emergencia. Tratemos primero la cuestión de si uno debería ahorrar dinero cuando está terriblemente endeudado.

El hecho es que todos deberíamos tener una reserva de efectivo para alguna emergencia. La cantidad de reserva depende de los gastos de cada uno. La mayoría de los consejeros financieros recomiendan al menos seis meses, pero seamos realistas. Si te cuesta 2.000 dólares al mes vivir, dudo que ahorres 12.000 dólares durante un período corto de tiempo. Si tuvieras la disciplina de ahorrar dinero, no estarías leyendo un libro sobre cómo controlar tus finanzas. Habrías ahorrado y pagado en efectivo compras que cargaste en tu tarjeta de crédito. No obstante, tu objetivo final debería ser acumular una reserva mínima de efectivo de dos meses en algún tiempo, pero no ahora mismo. En este punto puede ser más sabio tener solo el coste de vida de un mes como reserva de efectivo. Si mantienes los saldos de tus tarjetas de crédito en mínimos o hasta si designas una tarjeta de crédito especial solo para emergencias, cuando surja algo inesperado, puedes usar esta tarjeta; no para retirar dinero en efectivo, sino para cargarle artículos necesarios.

Si la necesidad de emergencia no puede ser cargada, entonces puedes sacar de tu cuenta de jubilación por un plazo de 60 días sin cargo adicional. Estoy suponiendo la gran idea de que contribuyes ya al nivel máximo si tu empleador ofrece una contribución que iguala tu aportación a la cuenta de jubilación. Es la mejor inversión que puedes hacer. Por ejemplo, digamos que tienes un ingreso bruto de 3.000 dólares al mes y tu compañía ofrece una contribución que iguala hasta el 3%. Esto significa que por cada dólar que pones hasta 90 dólares, la compañía lo igualará. Ahora tienes 180 dólares que van para tu jubilación cada mes. ¡Esta es una ganancia inmediata del 100%! Sin cargarte con más detalles, baste decir que tendrás una hermosa cantidad de dinero cuando te jubiles. Si tu compañía no tiene un plan de contribución igualitario, entonces puede que quieras establecer una cuenta de jubilación individual (*IRA*, Individual Retirement Account). Se aplican ciertas reglas y restricciones pero realmente deberías informarte para saber si tienes derecho a ella.

Ahora volvamos a ese préstamo de emergencia procedente de tu cuenta de jubilación. Ten cuidado con esto. Si no devuelves el dinero dentro del tiempo estipulado, te costará mucho: una multa del 10% por retirada anticipada a Hacienda Pública (Internal Revenue Service) y los impuestos federales correspondientes por la cantidad retirada. Tendrás que pagar también impuestos por ingresos estatales y una multa estatal, dependiendo del estado donde vivas. Mi esposo y yo retiramos dinero de esta manera hace varios años para comprar una casa para mi madre. Éramos muy conscientes de las multas y conscientemente tomamos la decisión porque el precio rebajado de la casa lo justificó. Sin embargo, en el momento de pagar los impuestos, la realidad se impuso y el pago de aquellas multas fue una píldora difícil de tragar. No me gusta pagar grandes sumas de dinero de una vez. Si alguna vez decides hacer una retirada permanente de dinero de tu cuenta de jubilación, sería inteligente por tu parte enviar de inmediato los impuestos federales y estatales estimados.

Establece un plan para ahorrar algo cada período de pago. El aspecto más crítico de un plan de ahorros es que debe ser continuado. Uno de mis antiguos empleadores una vez estableció un plan de ahorros para Navidad (Christmas Club). Una señora solicitó retirar el dinero al menos cinco veces en un año. Dando un paso hacia adelante y dos pasos hacia atrás, nunca tendrás éxito. Trata de hacer un depósito automático en una cuenta de ahorros. Poner el dinero en un certificado de depósito u otro instrumento no tan fácil de tocar tiene una fuerza disuasoria mucho mayor que poner tus fondos solo en una cuenta corriente o debajo de tu colchón.

Para una estrategia completa de ahorros, la primera prioridad es establecer una pequeña reserva de efectivo para emergencias. Después, contribuye con la mayor cantidad posible al plan de jubilación de tu empresa, reduce el saldo deudor en las tarjetas de crédito y otras cuentas de crédito al consumidor, acumula una reserva para gastos de dos a seis meses, e invierte en una casa, propiedad de alquiler, u otros instrumentos a largo plazo.

Mantén el equilibrio en tu manera de ahorrar. Las hormigas ofrecen un buen modelo. Son muy sabias en su previsión y planificación. Sin embargo, no debemos concluir que las hormigas emplean *todos* sus esfuerzos en el verano preparándose para el invierno. Comen algo todos los días, de lo contrario fallecerían. Y así ocurre con el hombre. He oído a parejas quejarse de que un cónyuge solo quiere ahorrar todo el dinero para el futuro sin pensar en absoluto en las vacaciones. Esto puede hacer fracasar un matrimonio.

Hablando de vacaciones, ¿qué pasa con el viaje de tus sueños? ¿Has llamado a la agencia de viajes para averiguar cuánto costaría y cuánto tendrías que apartar cada mes para amontonar la cantidad necesaria? ¿O planeas cargar todo de una vez a una tarjeta de crédito y pasar los próximos años pagándolo? Para llevar a cabo cualquier objetivo financiero, debes tener un plan estratégico. Solo asegúrate de que el plan no destruya tu calidad de vida.

Darnell y yo tenemos una filosofía general sobre cómo manejar nuestro dinero: dar algo, ahorrar algo, gastar algo.

Día 6
Disminuye tu deuda

El rico se enseñorea de los pobres, y el que toma prestado es siervo del que presta.

PROVERBIOS 22:7

Somos una nación de consumidores con crédito disponible al instante para ayudarnos a satisfacer nuestros deseos y tratar nuestras inseguridades. Las investigaciones recientes revelaron que la familia media norteamericana gasta el 122% de su ingreso bruto y mantiene una media de saldos de tarjetas de crédito de 7.500 dólares. El exceso de deuda del consumidor es prueba de que gastamos el dinero que deseamos ganar.

La posición de Dios sobre la deuda está muy clara. Pone al prestatario en esclavitud con el prestamista. La deuda es una forma sutil de esclavitud y Él no quiere que sus hijos vivan bajo la esclavitud de nadie. Cuando ni siquiera puedes comenzar a soñar con unas verdaderas vacaciones debido a tus deudas, estás esclavizado. Cuando solo puedes hacer los pagos mínimos de tus tarjetas de crédito, estás esclavizado. Cuando nunca puedes hacer una donación al proyecto de construcción de tu iglesia debido a tus deudas, estás esclavizado. De hecho, muchas iglesias tienen que contraer una enorme deuda para financiar sus proyectos de capital porque sus miembros están endeudados. Si todos estuvieran libres de deudas y abrazaran los principios del diezmo y las ofrendas, no habría ninguna necesidad de pedir prestado.

Aunque las Escrituras no nos prohíben endeudarnos, cada vez que se habla de deudas, se encuentran rodeadas de negatividad. Como las deudas limitan nuestra libertad para tomar decisiones sobre el resto de nuestra vida, lo mejor sería reducirlas o eliminarlas. Nuestro objetivo final debería ser estar libres de deudas.

Dicho esto, existe la deuda buena y la mala. Por ejemplo, una hipoteca es una deuda buena. Cuando compras una casa, inviertes en un activo que seguirá aumentando de valor, estabilizará tus gastos de vivienda, proporcionará una deducción fiscal, te dará credibilidad y se convertirá en un factor significativo en la planificación de tu jubilación. Un préstamo de estudiante es otro ejemplo de una deuda buena. Con un nivel de educación, te conviertes en un activo que genera ingresos a largo plazo, te dará ventaja sobre la mayoría de la población. Por eso las personas que te extendieron el préstamo exigirán el pago, aunque te declares en bancarrota.

La cantidad que debes en las tarjetas de crédito de los grandes almacenes es una deuda mala. Si analizas los

Día 6: Disminuye tu deuda

artículos que compraste, suelen ser cosas que deseabas más que cosas que necesitabas. En algunos casos, los saldos en tus tarjetas incluyen artículos que consumiste hace años.

Los préstamos para autos no son necesariamente malos, ya que puedes necesitar el transporte para el trabajo; sin embargo, si compras un auto que te da categoría pero que está fuera del alcance de tu presupuesto, entonces has entrado en el terreno de la deuda mala. Seamos realistas. Un auto, a menos que sea un clásico, no es una inversión. Se supone que las inversiones aumentan de valor; el valor de un auto disminuye en cuanto lo sacas del concesionario.

Tener un puñado de tarjetas de crédito puede haber sido impresionante en un tiempo, pero ahora es señal de irresponsabilidad. Realmente solo necesitas mantener una o dos tarjetas que usarás como identificación adicional o si viajas, para alquilar autos o alojarte en hoteles. Las tarjetas MasterCard y Visa son las más ampliamente aceptadas, así que estas son las más recomendables. Debes aprender a utilizarlas de forma inteligente. Sería bueno usar tarjetas de crédito que ofrezcan kilómetros de viaje u otros incentivos para usarlas. Haz que las tarjetas trabajen para ti. Usa "su" dinero sin interés pagando todas las compras por completo cuando llega el estado de cuenta. Incluso si no puedes pagar por completo, al menos realiza el pago tan pronto como llegue la cuenta. Si tienes fondos disponibles, no esperes hasta la fecha de vencimiento para cumplimentar el pago, de este modo te ahorrarás intereses. Cuanto antes reciba el banco tu cheque, menos intereses pagarás. Haz lo que sea necesario para evitar demoras. En un capítulo posterior veremos cómo tu historial de pago influye en tu puntuación FICO.

Entender completamente el verdadero coste de usar una tarjeta de crédito puede ayudarte a evitar su uso. El apéndice E presenta el caso de una compra de 5.000 dólares. La "víctima" decidió efectuar únicamente el pago mínimo cada mes. Parecía que la compañía de la tarjeta de crédito era realmente amable al bajarle el pago mínimo cada mes al 2,5% del saldo pendiente. La verdad del asunto es que esta estrategia está diseñada para aumentar el tiempo que la deuda está pendiente de modo que el banco gane más intereses. En nuestro ejemplo, el cliente mordió el anzuelo y tardó más de 26 años en pagar el saldo.

Realmente no es tan difícil salir de la deuda una vez que permites que la gracia de Dios te ayude a disciplinarte para hacer lo que es necesario. Si lo piensas, ya has practicado la disciplina en muchas áreas de tu vida. Por ejemplo: ¿Cuidas de tu higiene diariamente? ¿Vas a trabajar cada día? ¿Dejas de correr cuando ves un auto de policia? El hecho es que habría consecuencias negativas en cada uno de estos casos si dejaras de ser disciplinado. El problema de contraer deudas es que las consecuencias no son inmediatas, tardan varios días o semanas en requerirte el pago. Antes de tirar de tarjeta, pregúntate: "Si tuviera que ir al banco y solicitar un préstamo para pagar esto, ¿lo compraría?" Bueno, pues las tarjetas de crédito no son otra cosa que créditos bancarios preaprobados con un alto interés. Si cargas algo que no puedes pagar en su totalidad cuando llegue la cuenta, considérate en problemas, a menos que trates deliberadamente de construir un historial de crédito demostrando que puedes hacer pagos mensuales. Aún así, guarda los fondos en reserva para pagar la cantidad por completo.

La consolidación de la deuda en un pago puede parecer una idea brillante sobre todo si obtienes un préstamo avalado por tu propia casa. Pagarás mucho menos interés por un préstamo con la casa como aval que el que pagarías por cada tarjeta de crédito. Además, el interés es deducible de impuestos hasta cierto límite. Sin embargo, ahora tienes más probabilidades de contraer una deuda mayor porque has pagado todos los saldos de las tarjetas de crédito. Si no rescindes las tarjetas o se las das a un amigo de confianza, podrías encontrarte en un agujero aún más profundo y ahora tu casa estaría en juego.

Veamos un plan simple para salir de deudas. Comienza con la deuda que tiene el saldo más bajo. Esta es la primera que vas a pagar. ¿Por qué? Porque te dará dinero en efectivo más pronto, el cual podrás aplicar a las deudas restantes. Te sentirás satisfecho por haber eliminado totalmente una deuda y tendrás mayor incentivo para continuar haciendo las cosas bien. Mientras pagas esta deuda, añade una cantidad adicional al pago mínimo mensual. ¿Dónde encontrar la "cantidad extra"? Trata de llevar el almuerzo o los tentempiés de casa tres días por semana. Esto puede suponer 50 dólares adicionales al mes. ¿Y *necesitas* realmente todos esos servicios telefónicos adicionales?

Continúa pagando el mínimo en todas las otras deudas hasta que la más pequeña esté pagada. Cuando esta deuda esté pagada por completo, toma esta cantidad (el mínimo más el pago adicional que has estado realizando) y añádelo al pago mínimo en la deuda número dos.

Si sigues fielmente esta estrategia, vas a acelerar tu salida de la deuda en tiempo notable. Decide ahora lo que harás con el dinero una vez que toda la deuda esté pagada. No es momento para divertirte saliendo de compras. Trata de encontrar otro modo de recompensarte. Presenté esta estrategia en una conferencia de mujeres hace varios años. Pedí a las señoras que dejaran de endeudarse comprando ropa nueva para la conferencia. Al año siguiente, una de las participantes se acercó a mí diciendo: "Seguí sus principios y estoy libre de deudas. No compré ropa nueva para la conferencia este año. ¡Me siento tan libre!" Siempre me asombran las mujeres que vienen a una conferencia desde lejos pero creen que las demás mujeres, a las que no conocen, de alguna manera percibirán que su ropa ha sido usada antes y que serán juzgadas por llevarla puesta. Gracias a Dios por aquellos que se han liberado de este modo de pensar que genera deuda.

Día 6: Disminuye tu deuda

Es importante no ponerse en una posición donde uno pueda sentirse tentado a contraer más deudas. El apóstol Pablo advirtió: "no proveáis para los deseos de la carne" (Ro. 13:14). Si todavía frecuentas el centro comercial, aunque sea para un paseo ocasional, estás fomentando tu deseo de comprar. Es como poner ratones al cuidado del queso. Para minimizar el riesgo, lleva contigo sólo el dinero suficiente para comprar lo que necesitas comprar.

Esfuérzate para quedarte libre de deudas y mantenerte así. No puedes comenzar a planificar en inversiones que puedan proporcionar una ganancia del 5 al 15% cuando estás agobiado con deuda que te cuesta del 18 al 22%. Haz cuentas. Tienes que saber que el mismo poder que te da la disciplina en otras áreas puede ayudarte a controlar tus deudas. Y no trates de hacerlo solo, busca la ayuda de Dios.

Día 7
Pide lo que quieres

No tenéis… porque no pedís.
Santiago 4:2

Es difícil recibir algunas cosas si no se piden. A veces pedir puede dar miedo, sobre todo si lo que pides es para un beneficio o una concesión que normalmente no se otorga. Aunque la mayoría de las personas intentan pedir, se retiran al primer indicio de resistencia. Lo peor que puede pasar es que alguien diga no, en cuyo caso estamos justo donde empezamos. Si tratas de tomar las riendas de tus finanzas, necesitarás en un momento dado el favor de alguien. El favor puede llevarte a un lugar que el dinero nunca podría comprar.

Hace poco recibí una llamada telefónica de mi amiga Fayetta, que estaba loca de contento por el favor que le acababan de conceder en cuanto a su frigorífico de 30 años. Ella fue lo bastante inteligente como para pagar la ampliación de la garantía, sin embargo, las dos últimas tentativas del técnico por reparar el aparato habían fracasado. En consecuencia, toda la comida que había en el congelador se estropeó y ella se quedó sin poder utilizar el frigorífico durante casi un mes. Llamó a la tienda donde lo había comprado y con audacia pidió que se le reembolsara el valor de la comida estropeada. Ellos estuvieron de acuerdo. También les pidió que le dieran en efectivo el valor de la reparación de modo que ella pudiera usarlo en la compra de un nuevo frigorífico. La respuesta a esa petición fue no, porque no es así como la mayor parte de garantías funcionan. Pero Fayetta es muy persistente y tiene como política que al menos tres personas deben decirle no antes de pensar en rendirse. Ella siguió subiendo la cadena de autoridad y finalmente encontró a alguien que no solo quiso escuchar su petición, sino que decidió darle el valor total del reemplazo. Como no había ningún modelo reciente parecido, le entregaron un frigorífico completamente nuevo, con entrega a domicilio gratis, sin pagar un solo centavo.

Pedir un favor es un principio bíblico que la mayoría de nosotros estamos poco dispuestos a aplicar en el día a día. Con frecuencia, Dios nos da su favor sin necesidad de pedirlo. Sin embargo, hay ocasiones en las que algunas cosas no se materializarán hasta que demos a conocer nuestra petición. La historia de las cinco hijas de Zelofehad (Nm. 27:1-11) es un gran ejemplo del resultado de pedir lo que se quiere. Como su padre había muerto en el desierto y ellas no tenían hermanos, pidieron a Moisés que les concediera la parte que le correspondía a su padre en la Tierra Prometida. En aquel entonces, solo los hombres podían heredar la tierra. Dios dio a Moisés la autorización y no solo concedió su petición, sino también cambió las leyes para futuras generaciones de mujeres que llegaran a encontrarse en circunstancias similares. No debes suponer que otras personas van a preocuparse más de tus finanzas que tú. Debes ser activo en conseguir lo que quieres.

Jesús animó a sus discípulos a ser persistentes en la oración dándoles el ejemplo de un hombre que recibió visitantes inesperados y no tenía pan para darles. Fue a la casa de su amigo avanzada la noche y pidió tres panes. Dado que el amigo y su familia estaban ya en la cama, el amigo le dijo que volviera mañana. Sin embargo, el hombre no desistió en su propósito. Siguió pidiendo hasta que cansó a su amigo. Jesús concluyó la parábola dando la moraleja de la historia. "Os digo, que aunque no se levante a dárselos por ser su amigo, sin embargo por su importunidad se levantará y le dará todo lo que necesite" (Lc. 11:8).

¿Por qué algunas personas se encuentran poco dispuestas a pedir un favor? ¿Sienten que otros se ofenderían si ellos consiguen una ventaja injusta? ¿Tienen miedo de dejar de agradar a la persona a quien pidan o que ésta les considere problemáticos? ¿Temen que los demás crean que no quieren trabajar o pagar por lo que obtienen? ¿Es tan baja su autoestima que creen que no merecen el trato favorable de alguien? ¿Son tan controladores que creen que un favor les pondrá en deuda con alguien?

Día 7: Pide lo que quieres

Me hacen mucha gracia las personas que siempre quieren ser los que dan, pero no los que reciben. Cuando yo tenía este modo de pensar, me di cuenta de que de modo subconsciente me gustaba que las personas tuvieran la sensación de que me debían algo. Los mantenía en deuda conmigo. Si me pagaban dándome algo a cambio, eso nos ponía en el mismo plano y ya no tenía ventaja en la relación. Este modo de pensar es muy sutil y a menudo negado, pero cuando dejas que Dios ilumine tu corazón, puedes curar tus maneras de controlar y te será más fácil recibir de otros.

Me esfuerzo en plantar las semillas de favor de cualquier modo que puedo. A menudo he ofrecido consejo financiero de forma gratuita o con tarifas muy rebajadas para aquellos que no podían pagarlo, o incluso para aquellos que podían. Además, comparto información y contactos profesionales con personas que podrían ser consideradas como competidores. He aprendido también a no protestar cuando recibo un favor a cambio. Simplemente reconozco que es una manifestación de la Palabra de Dios: "Dad, y se os dará; medida buena, apretada, remecida y rebosando darán en vuestro regazo; porque con la misma medida con que medís, os volverán a medir" (Lc. 6:38).

Cuando me concedieron una beca para realizar estudios de postgrado, pedí a la fundación privada que me había concedido el préstamo de estudios de licenciatura que me aplazara los pagos hasta que terminara. Ellos estuvieron de acuerdo y además anularon el cargo de interés adicional. ¡Vaya favor!

¿Hay un favor financiero que tienes que pedir hoy? ¿Necesitas que alguien reduzca una deuda pendiente? ¿Ampliar el préstamo por establecimiento de nuevo negocio? ¿Conseguir una reducción en la reparación del auto? ¿Descontar los gastos de envío en una compra importante? ¿Aplazar pagos sin que aparezcan en tu crédito? ¿Que cuiden de tus hijos por poco dinero?

Bien, ¿eres justo, es decir, estás en buena relación con tu Padre celestial? De ser así, entonces espera el favor. ¡Estás rodeado de él! "Porque tú, oh Jehová, bendecirás al justo; como con un escudo lo rodearás de tu favor" (Sal. 5:12). ¡Sé valiente y espera un sí! Precaución. Cuando un "no" es la respuesta final a tu persistencia, somete tus deseos al plan soberano de Dios. Él está planeando algo mejor. Permanece sensible a su Espíritu y recuerda que nadie puede frustrar el objetivo de Dios para tu vida (Is. 14:27).

Día 8
Investiga tu seguro

El avisado ve el mal y se esconde; mas los simples pasan y reciben el daño.

PROVERBIOS 22:3

Quizás hayas oído a alguien comentar: "La compra del seguro no es bíblica. Después de todo, Jesús dijo a sus discípulos que no se preocuparan del día de mañana". Bien, echemos un buen vistazo a esa declaración.

Dijo luego a sus discípulos: Por tanto os digo: No os afanéis por vuestra vida, qué comeréis; ni por el cuerpo, qué vestiréis. La vida es más que la comida, y el cuerpo que el vestido. Considerad los cuervos, que ni siembran, ni siegan; que ni tienen despensa, ni granero, y Dios los alimenta. ¿No valéis vosotros mucho más que las aves? (Lc. 12:22-24).

Jesús advertía a sus seguidores que no estuvieran preocupados por las necesidades básicas de la vida:

alimentación y ropa. No les daba licencia para practicar una pobre mayordomía sobre lo que su Padre celestial les había confiado. Les aseguraba que si Dios los había creado, tenía la obligación de cuidar de ellos. Dios sabía que ocurrirían cosas que estarían fuera de nuestro control. También sabía que podríamos minimizar nuestras pérdidas financieras al asegurarnos contra algunas de ellas cuando fuera posible. Veamos algunas áreas del seguro donde nosotros, como buenos administradores, deberíamos enfocar o reenfocar nuestra atención.

Seguro de vida

Hay básicamente dos tipos de seguros de vida que puedes contratar: vida total y a término. Si tienes una póliza de seguro de vida total, no es la maravillosa inversión que el vendedor de seguros te dijo que era. La compañía toma tus primas, compra una cierta cantidad de cobertura de seguros, e invierte la diferencia en inversión de bajo rendimiento. Después de varios años, la inversión aumenta a "un valor en efectivo", y puedes tomar prestado a cuenta de ello o liquidar la póliza y tomarlo directamente. Durante los primeros años de la póliza, una enorme parte de tus primas la recibe el vendedor como comisión. Lo que ocurre con el seguro de vida total es que estás cubierto de por vida, aun cuando llegues a un punto en el que ya no necesites el seguro: cuando ya no tengas personas que dependan de ti, ni nadie que necesite tu dinero para sobrevivir y tú tengas bastante dinero en el banco para pagar tu funeral. Las primas del seguro de vida total son mucho más altas de lo que serían por la misma cobertura en una póliza a término. De hecho, podrías conseguir hasta más cobertura con una póliza a término por la misma cantidad de dinero.

Pero espera un minuto. Si tienes 50 años o más, o si fumas, o tienes una dolencia previa seria, no te apresures a anular tu póliza de vida total. Tal vez no puedas encontrar una compañía que te suscriba una póliza a término. Después de escucharme enseñar esto en un seminario, una señora hizo una llamada furiosa a su agente de seguros por no exponerle las ventajas del seguro de vida a término. Ella estaba dispuesta a deshacerse de la póliza sin asegurarse antes la cobertura a término. Haz tu tarea, llama a varias compañías de seguros de vida y averigua cuáles serían sus tarifas para una póliza a término. Y recuerda que estas pólizas solo cubren un cierto tiempo, de cinco a treinta años. Contrata la cobertura por el tiempo que necesites o desees. Por ejemplo, si eres soltero y tienes un hijo de 15 años, puede que quieras asegurarte de que si mueres en los próximos diez años, le dejarás lo suficiente para cubrir sus gastos hasta que cumpla los 25. Después de eso, puedes decidir si él ya es capaz de defenderse por él mismo. Por lo tanto, comprarías una póliza a diez años. Si mueres pasado el término de la póliza, ¡mala suerte! Ninguna cobertura.

Seguro de hipoteca privado

Si compraste una casa hace varios años e hiciste un

pago inicial de menos del 20% del precio de la casa, tu prestamista seguramente exigió que adquirieras el seguro de hipoteca privado (PMI – Private Mortage Insurance), no para protegerte a ti o la casa, sino para protegerse ellos por si algo te pasara y ellos tuvieran que vender la casa con un descuento más otros gastos. Sin embargo, puedes librarte de ese seguro. Aquí va el cómo. Simplemente divide el saldo pendiente de tu hipoteca por el precio original de compra de la casa (lamentable, no se utiliza el valor de mercado actual). Si la proporción es menos del 80%, llama al prestamista y pídele anular este seguro. De hecho, si la proporción es del 78% o menos, el prestamista está obligado por ley a anularlo, suponiendo que cumplas otras condiciones. Por si acaso ellos se han olvidado, este sería un buen momento para preguntarles si tienes derecho a la cancelación.

Seguro de automóvil

Si vives en un estado en el cual el seguro es obligatorio por ley, entonces contrátalo. Dios nos pide: "que se sujeten a los gobernantes y autoridades" (Tit. 3:1). El seguro de automóvil te protegerá, así que no lo eludas. Haz una buena comparativa de precios, llamando a compañías famosas por ofrecer tarifas bajas. Un buen modo de bajar tu prima de seguro de automóvil es escoger un deducible más alto. Si piensas que simplemente no puedes pagarlo, pide a Dios que te envíe los recursos como hizo cuando Jesús instruyó a Pedro para que fuera a pescar y encontrara la cantidad exacta en la boca de un pez para pagar los tributos (Mt.

17:24-27). Dios tiene recursos más allá de tu sueldo u otro ingreso esperado.

Seguros de hipoteca y otros seguros de crédito

Si compraste una casa, un auto, un electrodoméstico, o cualquier otro activo importante, puede que hayas decidido contratar un seguro de crédito de modo que si algo te pasara, el saldo pendiente quedara liquidado. Este tipo de seguro es estrictamente voluntario y es más costoso que comprar una póliza general de seguros de vida a término que da a tus herederos la opción de pagar lo que deseen. Porque puede que a ellos no les interese pagar ciertos activos, sino más bien hacer algo distinto con el dinero. Mi consejo es ver si puedes rescindir ese tipo de póliza. Precaución. Si tienes una dolencia médica previa y no puedes conseguir un seguro a término, entonces, como dicen en el ejército: "Regresen a sus puestos". Contrata o mantén el seguro de crédito que ya tienes, si crees que lo necesitas.

Otro seguro innecesario incluye la cobertura médica para enfermedades específicas, como el cáncer. A menos que la compañía de seguros vaya a reembolsarte por completo la prima (la mía lo hace) si te haces un chequeo cada año, entonces es mejor asegurar el cuerpo entero y rescindir el otro seguro. Si eres soltero sin familia directa y no tienes parientes a los que te sientas obligado a bendecir o apoyar después de tu muerte, solo necesitas lo suficiente para los gastos del funeral, aunque es posible que en tu trabajo ya te ofrezcan eso gratis. ¿Por qué tendrías que contratar una póliza de 300.000 dólares, aunque sea a término?

La compra del seguro apropiado es señal de buena administración. Sabemos que Dios nos ha cubierto para cada circunstancia pero Él nos ha dado el sentido y la responsabilidad de anticipar pérdidas potenciales y tomar precauciones.

Día 9
Limita tus lujos

*Sé vivir humildemente, y sé tener abundancia;
en todo y por todo estoy enseñado, así para estar
saciado como para tener hambre, así para tener
abundancia como para padecer necesidad.*

FILIPENSES 4:12

"Lleva las cosas de este mundo como ropa suelta". Estas eran las palabras que decía a menudo una de mis consejeras espirituales: la difunta doctora Juanita Smith. La esencia de su advertencia era que no debíamos asirnos a nada con tanta fuerza como para no poder dejarlo.

¿Cómo estás de atado a tu modo de vida actual? ¿Has disfrutado de ciertos lujos durante tanto tiempo que te sientes con derecho a ellos? "Hombre necesitado será el que ama el deleite, y el que ama el vino y los ungüentos no se enriquecerá" (Pr. 21:17). Si tratas de controlar tus finanzas, entonces es el momento de distinguir entre necesidades y lujos. Puede que efectivamente debas renunciar a un lujo o dos a fin de alcanzar tus objetivos financieros. Jesús renunció a los lujos del cielo para conseguir su objetivo sobre la tierra "Haya, pues, en vosotros este sentir que hubo también en Cristo Jesús, el cual, siendo en forma de Dios, no estimó el ser igual a Dios como cosa a que aferrarse, sino que se despojó a sí mismo, tomando forma de siervo, hecho semejante a los hombres" (Fil. 2:5-7). "Bien", me dijo cierto hombre: "Esto parece bueno en teoría, ¿pero cómo hago que suceda?"

En primer lugar, depende del tamaño del lío en el que estés metido, lo aferrado que estés a tus lujos y con cuánta fuerza desees emprender el camino hacia la libertad financiera. Segundo, debes darte cuenta de que necesitarás capacitación divina para ejercer la disciplina que te permita lograr algunas cosas. Jesús nos recuerda que "separados de mí nada podéis hacer" (Jn. 15:5). Por cada paso que des en el viaje hacia tus objetivos financieros, debes detenerte y pedir a Dios la fuerza para seguir adelante. Aquí vemos cómo una pareja salió del hoyo:

> *Cuando nos casamos hace 14 años, mi esposa y yo éramos jóvenes y sabíamos poco sobre finanzas. Los dos teníamos tarjetas de crédito con saldos, prestamos para el auto, etcétera. Nunca habíamos calculado realmente cuánto debíamos. Una vez casados, mi esposa lo sumó todo. Las tarjetas de crédito solas ascendían a 25.000 dólares, aproximadamente la mitad de*

nuestros ingresos antes de deducir impuestos. Elaboramos un plan para pagar la deuda y comprar una casa en dos años. Economizamos, no hicimos vacaciones largas y no pusimos el pie en un restaurante durante nueve meses. Algunos nos decían que nuestro objetivo era demasiado agresivo, pero lo hicimos. En la actualidad, todavía no manejamos nuestro dinero como deberíamos, pero no tenemos deuda en tarjetas de crédito y esperamos hasta tener el dinero en efectivo que nos permita hacer compras.

Para esta pareja, las vacaciones largas y comer fuera eran lujos. No seré yo quien diga qué placeres deberías pensar en dejar por una temporada, pero en caso de que te hayas enamorado y casado con toda clase de lujos, aquí tienes una lista para tener en cuenta: la taza de café matutina en tu cafetería favorita, el diario, la manicura y pedicura semanal, los tentempiés diarios del carrito de comidas y las salidas a jugar al golf cada dos semanas, por mencionar unos cuantos. Por extraño que parezca, estos artículos suman cantidades importantes con el tiempo. No digo que debas eliminarlos completamente. No pienso que la privación total sea buena porque puede conducir a un atracón más tarde. Solo tienes que abstenerte de estas cosas que no son de primera necesidad por una temporada, o simplemente limitarlas hasta que tus finanzas pisen terreno firme.

Puedes comenzar pidiendo a Dios que saque de tu

corazón el deseo de gastar el dinero en cosas que en realidad sólo son gratificaciones. Las Escrituras nos amonestan: "No améis al mundo, ni las cosas que están en el mundo. Si alguno ama al mundo, el amor del Padre no está en él" (1 Jn. 2:15). Tu amor por las cosas de este mundo se desvanecerá sólo con la ayuda de tu Padre celestial.

Día 10
Deja de hacer comparaciones

*No codiciarás la casa de tu prójimo,
no codiciarás la mujer de tu prójimo,
ni su siervo, ni su criada, ni su buey,
ni su asno, ni cosa alguna de tu prójimo.*

ÉXODO 20:17

¿Permites que tus vecinos, familia, conocidos, u otras personas te empujen al hoyo financiero al tratar de igualar su nivel de bienes materiales? De ser así, ¿por qué sientes que debes mantenerte al mismo nivel que ellos? Además, ¿has notado que cuando piensas que te has puesto al corriente, ellos van y compran algo nuevo, propiciando el comienzo de una nueva ronda de gastos?

¿Por qué no tomas el compromiso personal de comprar sólo aquello que puedas pagar? Los estudios muestran que las personas que viven por debajo de sus posibilidades financieras tienen vidas más largas y satisfactorias que aquellos que no lo hacen. A veces la presión por mantener una determinada imagen o cumplir con las expectativas de otras personas es tan grande que, si no tienes cuidado, permitirás que esas expectativas te obliguen a vivir por encima de tus posibilidades. Vivir por encima de tus posibilidades es vivir una mentira. Una mentira es cualquier intento de engañar. Tu tentativa de engañar a otros al hacerlos pensar que puedes adquirir cosas que en realidad no puedes permitirte, te mantendrá en el pozo financiero.

Además, la comparación de tus bienes materiales con los de otros es una situación en la que nunca se gana. Si piensas que tienes más cosas que los González, puedes caer en el orgullo. Si concluyes que tus bienes no igualan los de ellos, puedes envidiarlos, intentar ponerte al corriente adquiriendo más, y terminar con una deuda abismal.

Uno de mis vecinos es un doctor soltero de éxito, que posee cinco Mercedes. Otro vecino tiene aproximadamente siete vehículos caros, un yate pequeño, una motocicleta y un puñado de juguetitos caros. Mi esposo y yo tenemos un auto cada uno. ¿Nos incita esto a salir corriendo a comprar más vehículos para poder estar a la par con ellos? En absoluto. No tengo ningún deseo de experimentar el síndrome del "estrés por impresionar". Además, después de haber pasado muchos fines de semana en retiros de montaña, en multipropiedades y en casas prestadas por amigos y conocidos, hemos aprendido que no es imprescindible ser dueños de algo para disfrutar de ello. Apreciamos las ofertas de nuestros amigos para compartir sus

Día 10: Deja de hacer comparaciones

bendiciones. Aceptamos sus invitaciones, damos gracias a Dios por su bondad hacia ellos y nos alegramos por no tener la responsabilidad de realizar el mantenimiento. No necesitamos recurrir a comparaciones y competiciones.

Parece que las personas que siempre se están comparando con otros piensan que valen más cuando ganan en este juego de las comparaciones. Conozco a un hombre joven, que llamaremos José, que compite con un amigo suyo, pero niega que lo hace. Cuando su amigo compró una televisión de pantalla de plasma, José compró otra que era un poco más grande. Independientemente de lo que su amigo compre, José se asegura de algún modo de que lo suyo sea más grande o mejor. Él nunca parece calmarse y saborear lo que tiene. Lamentablemente, también necesita préstamos de vez en cuando para ponerse al corriente de sus cuentas "hasta el día de cobro".

Sería sabio establecer tu propio estándar de cuántas cosas materiales y otros tipos de placeres te sirven de gratificación. Pregúntate: "¿De qué disfruto realmente?" en lugar de "¿qué debo comprar para mantenerme al corriente?" Conozco a una mujer que siempre compra ropa elegante para las ocasiones especiales en la iglesia. Todas las otras mujeres se juntan alrededor de ella y admiran la singularidad de su atuendo. Unos días más tarde, su cheque de 10 dólares de ofrenda es rechazado por el banco. Este es un caso clarísimo de prioridades incorrectas.

Día 11
Despeja el desorden

Pero hágase todo decentemente y con orden.

1 Corintios 14:40

¿Te has sentido alguna vez tan abrumado por los papeles y el exceso de pertenencias que desearías prenderle una cerilla a todo? Podría decirte que eso le pasa a muchísima gente, pero el objetivo de este capítulo es mostrarte cómo dejar de ser uno de ellos. Es un problema que puedes comenzar a eliminar hoy.

Durante una visita reciente a casa de mi madre, que tiene 75 años, encontré un terrible desorden en sus cajones y en su armario. Decidí que eso no podía seguir así. Revisé todos los cajones y tiré la propaganda, las fotografías de personas que ella apenas conocía, viejos ejemplares de la Biblia sin tapas, medicinas caducadas, regalos que ella nunca usaría y una gran cantidad de otros objetos que no eran de primera necesidad. Cuando llegué a su armario, descubrí artículos que habíamos estado buscando durante meses. ¡Encontré al menos cuatro faldas negras casi idénticas! Estoy segura de que

Día 11: Despeja el desorden

cada una había sido el reemplazo de la otra. Y a pesar de que vivimos en el sur de California con su clima cálido, varias personas le habían regalado abultados abrigos de piel sintética que ocupaban cada uno el espacio de al menos tres vestidos y habrían sido más apropiados para la vida en el Polo Norte. Lo retiré todo. Me sentía muy satisfecha al salir por la puerta. También di un suspiro de alivio cuando ella decidió no acompañarme al auto, ya que estaba lleno de todas las cosas que alguien menos afortunado recibiría pronto.

Cada vez que me harto y decido organizarme otra vez, siempre concluyo mis proyectos con el reconocimiento de que el desorden es costoso mental y económicamente. Veamos algunos modos de tratar este problema.

La clave para limpiar el desorden es comenzar con una actitud objetiva en lugar de subjetiva. Esto no quiere decir que debas divorciarte completamente de tus emociones, ya que estas son la raíz de por qué se acumulan tantas cosas. Seguramente quieres aferrarte a cosas que conmemoran acontecimientos clave y personas importantes de tu vida. Pero la verdad es que, incluso para acontecimientos clave solo tienes que guardar una prueba o un número limitado de recuerdos. Por ejemplo, no tienes que guardar todos los detalles que sobraron de la fiesta de tu 40 cumpleaños o las 150 servilletas grabadas que sobraron de tu banquete de bodas. Un par de ellas colocadas en un álbum de fotos deberían ser suficientes.

Para ayudarte a comenzar, aquí hay una lista de cosas

que deberías ser capaz de tirar sin ninguna tensión o agonía:

- Los boletines de notas de la escuela primaria.
- Los cuadernos de la universidad.
- Cualquier cosa que haya caducado o esté obsoleta (garantías, pólizas de seguros, medicinas, pintura vieja, retales de moquetas [ya te has pasado hace mucho tiempo a los suelos de madera], etcétera). Guarda los documentos inmobiliarios siempre, guarda los registros tributarios durante siete años.
- Tarjetas de presentación de personas que no conoces.
- Recibos viejos de tiendas de comestibles.
- Revistas viejas. Hojea una y mira si hay algún artículo que deberías conservar para un proyecto próximo. Tira o regala el resto a la consulta del doctor o a un hospital.
- Novelas viejas. No hay necesidad de conservarlas para consultarlas en el futuro, ya sabes el final de la historia.
- Ropa anticuada, de talla pequeña, o grande. Esto puede resultar realmente difícil. Si has estado conservando un traje que sueñas poder volverte a poner, podrías considerar esto como una renuncia de tu objetivo de perder peso. Tienes que cambiar tu modo de pensar de un "darse" por vencido a "dar" para los sueños de alguien más. Para aliviar el dolor de la separación, podrías

pensar en dar tu ropa especial a una entidad no lucrativa que conoces o a una que atienda a un grupo escogido de personas a las que te gustaría ayudar. Recientemente, decidí dar un poco de la ropa de la que nunca pensaba deshacerme a un hogar de acogida para mujeres dirigido por un amigo. Fue emocionalmente gratificante, además de conseguir una deducción fiscal.

El desorden dificulta tu creatividad. Dios puede tratar de darte todo tipo de ideas e invenciones ingeniosas, pero el desorden puede impedir que te concentres. Es como tratar de pintar un cuadro hermoso sobre un lienzo que ya tiene muchas otras pinturas encima. Esto puede matar tu creatividad.

Adopta el compromiso de asignar aproximadamente una hora cada mes para controlar el desorden. Esta idea me ha resultado muy eficaz. Hago limpieza en una parte seleccionada de la oficina de mi casa, armario, cajones, o cocina a la vez.

Me he dado cuenta de que el verdadero coste del desorden es el tiempo y el dinero. Cuando tienes que trabajar en medio del desorden, se reduce la cantidad de tiempo que tienes disponible para actividades productivas que podrían marcar la diferencia respecto a tus finanzas. Yo solía perder mucho tiempo buscando las llaves del auto hasta que fui lo bastante inteligente como para conseguir una cesta y ponerla cerca de la puerta. Ahora mis llaves están siempre allí.

El desorden también conduce a duplicar compras. No puedo decirte cuántas veces he ido al supermercado y comprado artículos solo para darme cuenta después de que tenía un suministro adecuado en casa. La mercancía estaba oculta detrás de algo más en el frigorífico. Mi amiga Sandra, que es una gran organizadora, colocó la comida en mi frigorífico nuevo de tal manera que puedo ver la mayor parte del contenido inmediatamente al abrir la puerta. Definitivamente es más fácil hacer una lista de comestibles, que me ahorra viajes extras al supermercado y el gasto en gasolina.

He sustituido ropa que pensé que se había perdido en la tintorería solo para encontrarla después colgada debajo de otras ropas. Cuando finalmente organicé mi armario con toda la ropa de estación en una sección y ropa similar agrupada junta, lograr vestirse rápidamente dejó de ser una tarea tan frustrante. Las blusas ya no se escondían bajo los abrigos, los postizos (como las pelucas) no habían encontrado refugio bajo los sombreros y los calcetines rotos fueron eliminados.

¿Has dejado alguna vez de pagar una factura porque estaba perdida bajo una pila de papeles? Esto puede causar recargos innecesarios que acabarán afectando a tus cuentas. ¿Me atrevo a mencionar el caos en ese cajón de sastre desordenado llamado cartera? Señoras, es crítico organizar nuestras carteras; sobre todo los billetes y las monedas. Me gustan las carteras espaciosas con distintos compartimentos. Sin embargo, en vez de tomarme el tiempo necesario para colocar el dinero en el monedero después de haber hecho una compra, lo arrojo a la cartera y lo dejo caer en cualquier lugar. He perdido la ocasión de hacer alguna buena compra con dinero en efectivo porque pensaba que no tenía suficiente a mano y no había ningún cajero automático cerca, para descubrir más tarde que tenía más que suficiente oculto por todos los rincones y hendiduras de aquel pozo sin fondo. Una vez más, mi desorganización afectó negativamente a mis finanzas. Trabajo todavía en esto. Por suerte, vivo con un maravilloso fanático del orden que me mantiene en el buen camino.

Día 12
Aprovecha al máximo tu tiempo

Enséñanos de tal modo a contar nuestros días,
que traigamos al corazón sabiduría.

Salmo 90:12

El tiempo es solo un intervalo en la línea continua llamada eternidad. Si realmente captáramos el hecho de que lo que hacemos en este período limitado afecta a la calidad de nuestra existencia eterna, nos comportaríamos de manera muy diferente, no solo económicamente, sino en cada aspecto de nuestra vida. Por suerte, el tiempo no discrimina a nadie. Rico o pobre, alto o bajo, todos recibimos 1.440 minutos por día. El reloj hace tictac no importa si estamos empleando el tiempo de la mejor manera o no.

La mayoría de nosotros tenemos idea de lo que creemos que es más importante y dónde deberíamos invertir el tiempo. No obstante, me he dado cuenta de que nuestras prioridades existen principalmente en teoría.

Día 12: Aprovecha al máximo tu tiempo

Por ejemplo, puedes decir que tus prioridades diarias son la oración, el ejercicio y atender las necesidades de tu cónyuge y cualquier otra cosa que consideres importante. Pero seamos realistas, ¿es eso lo que haces la mayor parte del tiempo? Anota durante dos días lo que haces cada hora. Puede que te des cuenta de que a menudo duermes demasiado o te levantas tarde por las mañanas, decides orar en el auto y racionalizas que salir corriendo por la puerta va a ser tu ejercicio para el día. Nuestras prioridades son lo que *realmente* hacemos, no lo que *deseamos* hacer. Veamos lo que podemos hacer para cambiar esto.

Tal vez tengas que volver hasta el día 1 y escribir tu visión para este aspecto de tu vida. Para empezar, puedes establecer un diario de oración y ejercicio sencillo. Se trata de dos hojas diferentes de papel con las fechas arriba y columnas debajo en las cuales indicas el número de minutos que empleas en cada cosa. Mi diario de ejercicio, hasta hace unas semanas, tenía mucho tiempo en blanco. Yo negaba esto, pero la verdad es que solo había hecho del ejercicio una prioridad en mi mente. Solicité la ayuda de un amigo muy en forma, que actúa como un sargento instructor, y las cosas van mejorando.

He descubierto que las cosas no suceden si no las anoto. Así que, ¿qué tal si haces una lista de prioridades diarias? Quiero decir, desde el principio del día hasta el final. Si tienes una personalidad tipo A como yo, tendrás tendencia a llenar la hoja y presionarte y presionar a los demás tratando de llevar a cabo la lista entera. Confía en mí, esta no es la mejor manera de hacer las cosas. Así que veamos cómo podría ser un día de muestra y qué podría funcionar para ti:

Lista de actividades diarias:

- Levantarse a _____
- Orar de_____ a _____
- Hacer ejercicio de_____ a _____
- Llegar al trabajo a _____
- Tareas que deben ser completadas (o comenzadas) hoy (enumera no más de tres a cinco)

  _____
  _____
  _____
  _____

- Llegar a casa a _____
- Otras tareas que deben ser completadas en casa (una o dos)

  _____

- Ver televisión u otro entretenimiento (sí, planea un poco de diversión pero no demasiada)
- Acostarse a _____

Aunque no tengas una agenda diaria o agenda electrónica (PDA), mantener un registro en un pequeño cuaderno es mejor que nada. Desde luego, recomiendo mucho los PDAs. El mío es esencial para mi eficacia diaria. Cuanto más tiempo improductivo gastes, menos oportunidad tendrás de aprovechar al máximo tu tiempo en algo rentable.

Ahora que hemos visto como deseas que sea tu día, veamos algunas cosas que puedes hacer para convertirlo en realidad.

- Di no. El "sí" te traerá muchos amigos, el "no" te mantendrá cuerdo al final.
- Si tienes alguna influencia, insiste en seguir un orden del día (ayuda a prepararlo si es necesario) para cada reunión.
- Establece un tiempo para devolver todas las llamadas.
- Si eres asalariado (del tipo "no recibo pago por horas extras"), pon un límite a las horas de más que pasas en la oficina. Por ejemplo, determina trabajar sólo una hora extra al día. Negocia para poner el excedente de horas en un depósito de tiempo y canjéalas más tarde al 50 o al 100% en forma de tiempo libre.
- Anula tu política de "puertas abiertas". Exige citas.

Estrategias en casa
- Protege tus llamadas. No contestes las llamadas de gente charlatana, quejumbrosa o problemática. Espera a estar haciendo algo rutinario (como

cocina o limpieza) para tener una conversación corta con ellos.
- No gastes tiempo discutiendo asuntos innecesarios. Di únicamente: "No comparto tu opinión, pero la respeto".
- Pon un número específico de horas para dedicar a despejar el desorden, trabajar en proyectos manuales, preparar comidas de antemano y otros esfuerzos que a la larga te ahorrarán dinero.

Dónde gastamos nuestro tiempo es una indicación de lo que valoramos. Es muy desafortunado permitir que otras personas o las circunstancias dentro de nuestro control dicten dónde invertimos nuestro tiempo. Debemos recordar que el tiempo se parece mucho a una moneda. Una vez que se ha gastado, desaparece.

Día 13
Gasta de forma inteligente

*Porque escudo es la ciencia, y escudo es
el dinero; mas la sabiduría excede,
en que da vida a sus poseedores.*

ECLESIASTÉS 7:12

A diferencia de fumar, beber y otros malos hábitos que debes eliminar completamente para evitar caer en sus garras y sufrir las consecuencias, comprar es necesario para sostener tu vida diaria. Por lo tanto, la clave para impedir que se convierta en un vicio es aplicar sabiduría y disciplina en la forma de gastar. Veamos algunas áreas comunes donde puedes ser un comprador inteligente.

Compras electrónicas

La publicidad ha seducido a mucha gente a comprar artículos que no necesitan o que no usan una vez adquiridos. No te dejes engañar por la conveniencia de comprar esos artículos que garantizan la devolución del dinero y su 30% de gastos de envío y manipulación, los cuales nunca son reintegrables. Debo admitir que hace poco que vencí mi debilidad por los equipos de ejercicio y los productos de dieta milagrosos o cualquier otro invento "de progreso" ofrecido en los anuncios de televisión por tres cómodos plazos de 19.99 dólares al mes. La gota que colmó el vaso fue la compra de un juego relativamente caro de utensilios de cocina que parecían de caucho, de los que se garantizaba que funcionaban mejor que el tradicional acero inoxidable. Nunca les quité el plástico, están todavía allí sin usar y ocupando un espacio precioso. Además, aún no he pedido nada que funcione del modo que anuncian. Estoy segura de que hay cosas que funcionan, pero me doy por vencida en cuanto a los productos milagrosos.

Ropa de segunda mano

Sé que eres un hijo del Rey y la idea de adquirir algo de segunda mano parece contradecir tal idea, pero recuerda que tratamos de tomar las riendas de tus finanzas rebeldes, que en la mayoría de los casos se salieron de control porque no aplicabas los principios del Rey acerca del manejo de dinero. Comprar artículos nuevos no es la única opción. Cuando Dios decidió sacar a los israelitas de la esclavitud egipcia, hizo provisiones para que adquirieran un vestuario de calidad de sus opresores que los sostendría durante su difícil viaje a través del desierto: "pedirá cada mujer a su vecina y a su huésped alhajas de plata, alhajas de oro, y vestidos, los cuales pondréis sobre vuestros hijos y vuestras hijas; y despojaréis a Egipto" (Éx. 3:22). Dios podría haber dejado caer fácilmente ropa nueva del cielo siempre que fuera necesario. Después de todo, así lo hizo con el suministro de alimento diario.

¿Eres demasiado orgulloso para llevar puesta ropa usada de tiendas de gangas o de segunda mano? Conozco algunos amigos de bastante nivel que se enorgullecen de las gangas que encuentran en tales sitios. Prueba en los que están cerca de barrios exclusivos y te asombrará la calidad de la mercancía.

Ropa básica

Cuando debas limitar tu presupuesto de compra, piensa en comprar artículos que puedas combinar con otros trajes de tu vestuario. ¿Piensas realmente que es inteligente comprar esos zapatos color rosa que hacen juego con tus pantalones del mismo color rosa? ¿Por qué no probar con un par de zapatos negros que puedas usar muchas veces? Antes de ir de compras, haz un inventario rápido de tu armario para ver qué artículos básicos (blusa o camisa blanca, falda negra, etc.) son más necesarios. Si tienes que hacerlo, puedes comprar algunos accesorios de moda relativamente baratos para mejorar tu vestuario. Solo recuerda que la próxima temporada probablemente estarán pasados de moda.

Autos usados

He oído a muchos cristianos con problemas económicos dar testimonio de que, a pesar de su pobre historial de crédito, Dios les bendijo con un vehículo nuevo de alta gama por medio de un vendedor de autos muy agradable y comprensivo. Lo que no dicen es que esto viene acompañado de un gran pago mensual que refleja una tasa de intereses desorbitada debido a su historial de crédito, o una lista de pagos excepcionalmente larga que seguramente le garantizará al prestamista una buena ganancia. En muchos casos, el receptor eufórico tendrá que ejercer más fe para cumplir con los pagos que la que usó para conseguir el auto. Lo que pareció ser una bendición era realmente una carga disfrazada. Me recuerdan a menudo que: "La bendición de Jehová es la que enriquece, y no añade tristeza con ella" (Pr. 10:22). Como un nuevo vehículo pierde inmediatamente mucho de su valor nada más sacarlo del concesionario, un auto usado de unos dos a tres años con frecuencia puede ser una mejor inversión. Desde luego, no hace falta decir que antes de comprarlo sea revisado por un buen mecánico.

Acontecimientos especiales

Una buena manera de mantener una gran vida social sin ningún gasto es ofrecerse como acomodador o proporcionar otro tipo de apoyo en diversos eventos. Repasa la sección social de tu periódico y llama a los patrocinadores para ver qué ayuda se necesita. Tendrás la posibilidad de codearte con personas con dinero. ¿Quién sabe dónde podría conducirte esto? Después de todo, Dios da favor a sus hijos con el hombre.

El consejo anterior puede parecer un poco fuera de tu zona de comodidad, pero recuerda que una vez que hayas estabilizado tus finanzas, que tengas acumulado una reserva de efectivo de unos tres a seis meses, y hayas igualado la contribución máxima de tu empleador a tu plan de jubilación, puedes comenzar a añadir sabiamente de nuevo algunos lujos y adquirir cualesquiera activos que el Rey te permita comprar.

Día 14
Hazlo tú mismo

*Y todas las mujeres cuyo corazón las impulsó
en sabiduría hilaron pelo de cabra.*

Éxodo 35:26

Mi hermano Reggie es un verdadero "manitas". Desde autos hasta alfombras, su lema es: "Aprende a hacerlo". Él repara cosas que otros abandonarían y las deja como nuevas. Por otro lado, el lema de mi esposo, es: "Llama a alguien para que arregle eso". Bien, si eres de ese modo de pensar, pero tienes que controlar tus finanzas y hacer que tu dinero vaya más lejos, es el momento de desempolvar algunas viejas habilidades o desarrollar otras nuevas. Puedes hasta divertirte haciéndolo si mantienes una buena actitud. Veamos algunas áreas donde puedes conseguir cambios inmediatos en tus finanzas.

Tareas domésticas

¿Has caído en el hábito de pagar a otros para hacer tus tareas domésticas y proyectos? No hace mucho, mi

Día 14: Hazlo tú mismo

pintor estaba demasiado ocupado con otros clientes para venir a mi casa y pintar una puerta, así que fui a la tienda de bricolaje para el hogar, importuné a todo el que me encontré, incluso a otro cliente, y finalmente salí con todas las provisiones e instrucciones necesarias. Nunca antes había pintado, así que al principio estaba un poco intimidada. Pero la puerta quedó muy bien y el único gasto fue el de los materiales. Fue una experiencia muy provechosa. Además, hice una cortina sencilla para una ventana, que no necesitaba costura, usando gran cantidad de tela bonita, pero barata. He recibido muchos elogios por ella. Ahora estoy lista para hacer cualquier cosa. Soy como el hombre a quien alguien preguntó: "¿Sabe usted tocar el piano?" Él contestó: "No sé". "¿Qué quiere decir con 'no sé'?" "Bien", dijo él, "nunca lo he intentado". Te sorprendería lo que podrías hacer si lo intentaras. Cada día experimento Filipenses 4:13: "Todo lo puedo en Cristo que me fortalece".

¿Deseas adornar tu casa, pero no tienes dinero para hacerlo? Hay programas de televisión y sitios web (como www.dyi.com) dedicados a mostrarte los detalles de cada faceta de remodelar y reparar casas. Además, tu tienda local de bricolaje para el hogar probablemente ofrezca clases de manualidades.

Aparte de realizar tú mismo proyectos en casa, podrías disminuir también el número de veces que pagas por servicios domésticos realizados por profesionales. Por ejemplo, por qué no alargar el servicio de limpieza de casa a una vez cada dos o tres semanas, o una vez al mes.

Puedes cambiar las sábanas, limpiar las duchas y pasar la aspiradora tú mismo. Si tienes piscina o *jacuzzi*, solicita los servicios de limpieza con menos frecuencia, sobre todo durante los meses de invierno. Y, por supuesto, puedes barrer tú mismo las hojas y cortar leña.

Finalmente, no olvides lavar el auto tú mismo. Consigue la ayuda de tus hijos, un pariente, o un amigo. Es un buen modo de estrechar vínculos con alguien. Unas palabras de gratitud en forma de sandwich o de unos dólares, serán todavía más baratos que el precio de los trenes de lavado automático.

Entiende que todos estos sacrificios son solo temporales. Pronto pisarás sobre finanzas sólidas y podrás volver a añadir gradualmente estos servicios cuando tu plan de gastos revisado lo permita. El único objetivo ahora es salir del rojo y pasar al negro.

Arreglo personal

Puedes ahorrar un montón de dinero en el área del arreglo personal sin sacrificar tu aspecto. Presta atención a las técnicas usadas por los distintos profesionales a los que acudes. Pronto serás capaz de hacerte tu propia manicura, pedicura, arreglo de las cejas y otros servicios necesarios.

Día 15
Come económicamente

No hay cosa mejor para el hombre sino que coma y beba, y que su alma se alegre en su trabajo. También he visto que esto es de la mano de Dios.

ECLESIASTÉS 2:24

A veces deseo que Dios hubiera hecho que nuestros cuerpos exigieran alimento solo una vez al mes. Después de todo, Él diseñó que la marmota hibernara hasta nueve meses. Imagina el tiempo y el dinero que ahorraríamos. Ahora volvamos a la realidad. Ya que no podemos evitar comer con regularidad, aquellos que desean controlar sus finanzas harían bien en aprender a comer más económicamente. Aquí están, pues, mis recomendaciones.

Haz una lista

Puedes evitar viajes innecesarios al supermercado imprimiendo una lista de los artículos que más sueles comprar. Fija una copia en tu frigorífico o cerca de él.

Cuando veas que te estás quedando sin un artículo, márcalo. No olvides llevar la lista contigo a la tienda. A pesar de toda mi planificación eficiente, a menudo dejaba la lista en casa. Cuando empezaba a cocinar macarrones con queso, había toneladas de macarrones, pero nada de queso. Desde luego, para no ser menos ni gastar dinero de más en gasolina para aquel viaje extra, solía volverme creativa cuando descubría que me faltaba uno de los ingredientes principales del plato que preparaba.

Pacifica a los niños en el supermercado

Si no puedes salir de compras sin llevar a los niños, dales un par de dólares de propina para que compren lo que quieran. Este es un buen momento para enseñar a manejar el dinero. No cedas si te piden más dinero. Insiste en que gasten dentro de su presupuesto.

Compra al por mayor cuando merezca la pena

Algunas personas llevan el tema de los precios al extremo. Compran grandes cantidades de ciertos artículos solo para que se estropeen porque no pueden consumirlos antes. No seas mezquino en lo poco y despilfarrado en lo mucho. Por otra parte, las familias grandes y las que deseen economizar deberían evitar artículos que se sirven en porciones individuales y productos preempaquetados. Me gusta la ensalada de col, pero me niego a comprar el paquete pequeño de medio kilo listo para comer. Lo que hago es comprar una col entera y partirla. Esto supone aproximadamente cuatro veces la cantidad del paquete ya preparado con un ahorro del 75%.

Cocina grandes cantidades

En mi esfuerzo por vigilar nuestra salud, tiempo y dinero, cada semana dedico unas horas a la cocina y preparo varios de nuestros platos favoritos de una vez. Después los pongo en porciones en bolsas de congelar. He invertido también en una máquina selladora de alimentos, que permite conservar el alimento aún más tiempo en el congelador. Mi esposo y yo podemos llevar una porción para comer en el trabajo o utilizarla para la cena. Simplemente añadimos una ensalada u otro acompañamiento. Funciona bien para platos de ternera, pollo y pescado así como sopas, guisos, platos de pastas y alubias. No olvides etiquetar y poner la fecha en la bolsa de congelar con un rotulador, todo parece igual cuando está congelado. Además, como el tiempo de preparar la comida diaria se acorta, Darnell y yo tenemos más tiempo para hablar, ese extraño pasatiempo al que tan pocas parejas se dedican en la actualidad. Desde luego, todavía comemos fuera una o dos veces por semana.

Y hablando de cocinar, trata de llevarte la comida al trabajo al menos tres o cuatro días por semana. Planifica comer fuera solo un día en un lugar agradable. Esto realmente resulta más sano y menos caro. Calculé el precio de un sandwich de pavo con pan integral hecho en casa, de calidad superior con patatas fritas y la conclusión es que este almuerzo cuesta aproximadamente el 20% de la versión para llevar del restaurante local.

Comer fuera es agradable, pero puede arruinar tu presupuesto. Cuando comas fuera, prueba las estrategias de ahorro de dinero que aparecen abajo para controlar el coste de este pasatiempo cada vez más popular.

Determina antes el límite de gasto

Cuando saco a mi personal a uno de nuestros almuerzos para levantar la moral, les pongo un límite de gasto para evitar que lo rebasen. Funciona de la siguiente manera. Para determinar cuánto puedes pedir antes del impuesto y la propina, simplemente descuenta un cuarto o el 25% del límite total. Por ejemplo, si tu límite es de 20 dólares, resta un cuarto (5 dólares) y limita lo que pides a 15 dólares. Cuando añadas el impuesto y una propina del 15%, el total estará cerca de 20 dólares sin excederlo.

Cena temprano

La mayor parte de los restaurantes te permitirán pedir del menú del almuerzo, que es más barato, hasta la última hora de la tarde. Esto funciona especialmente bien durante los fines de semana. Llama antes o pregunta si esta opción está disponible.

Comparte una comida

Yo diría que el 90% de las veces mi esposo y yo compartimos un plato principal. Según el tamaño de la ración, también compartimos la ensalada y desde luego el postre. Te sorprenderías de lo poco que cuesta satisfacer el apetito. Acabo de darme cuenta de esto. Me educaron con la mentalidad de recibir un plato lleno y dejarlo limpio.

Quédate con la comida básica

Sáltate las bebidas y los aperitivos, a menos que decidas hacer del aperitivo tu plato principal. Pide al camarero que te lo traiga junto con los platos de los otros comensales o los demás pueden tomarse la libertad de picar de él, después de todo, esto es un aperitivo.

Paga sólo tu parte

Aquí tenemos una situación común. Estás en compañía de amigos o compañeros de trabajo que gastan mucho y que siempre quieren dividir la cuenta del restaurante a partes iguales. Normalmente te sientas allí nervioso porque tu parte debería ser solo 20 dólares, pero van a ser 50 dólares debido a las bebidas, aperitivos y postres de ellos, ninguno de los cuales has pedido porque estás tratando de economizar o estás a dieta. No quieres parecer un tacaño, pero estas salidas pueden desestabilizar todo tu presupuesto semanal de comidas.

Me asombra observar cuántas personas toleran estas cosas para mantener cierta imagen o evitar parecer diferentes a los demás. Sin embargo, si el dilema de dividir la cuenta es un problema que se repite a menudo en tu vida, prueba esta estrategia la próxima vez. Pide una cuenta separada antes de que el camarero tome los pedidos. Si esto no es posible porque el restaurante no lo permite para grupos grandes, pide la cuenta cuando llegue. Determina tu parte, ponla sobre la mesa y excúsate para ir al baño. Si eres una persona realmente segura, olvida el baño y explica que tu asesor financiero (en este caso yo) te tiene siguiendo un plan de gastos específico para conseguir ciertos objetivos financieros. No supongas que todos pensarán mal de ti. Puedes revolucionar la manera en que los demás manejan sus finanzas.

Si realmente quieres atenerte a tus posiciones sobre esta cuestión, deja tu cartera en el auto y lleva contigo sólo el efectivo suficiente para cubrir tu límite de gastos. He hecho esto antes. Cuando comienzan con la rutina de dividir, digo: "Solo traje el dinero suficiente para cubrir lo que sabía que gastaría".

No permitas que este dilema de dividir la cuenta te impida relacionarte con amigos y compañeros de trabajo. Sé firme sin que se produzcan dramas y continúa divirtiéndote.

Pide una bolsa para llevar

Trata de comer solo la mitad de la comida y dejar el resto para una comida posterior. Tu cintura lo agradecerá. Así también se consiguen dos comidas por el precio de una. Si no vas a comer el alimento en 24 horas, envuélvelo y ponlo en una bolsa de congelador para otra ocasión. No dejes que se eche a perder y tengas que arrojarlo a la basura.

Haz las cosas típicas

Ya sabes el resto: no vayas al supermercado con hambre. Probablemente gastarás más y comprarás cosas que no necesitas. Hago esto de vez en cuando y a menudo consumo un artículo mientras compro. Cuando llego a la caja, doy al empleado el envase vacío, lo miro de frente y le digo: "Cóbrame por esto". Pienso que lo inteligente sería comer algo ligero antes de salir de casa.

Y sí, recorta cupones. Están por todas partes ahora: Internet, libritos de cupones, folletos que llegan por correo, periódicos. Guárdalos en un sobre en el auto. Incluso si no estás suscrito al periódico local, vale la pena comprarlo para conseguir los cupones. Realmente se puede *ahorrar* muchísimo dinero haciendo esto.

Probablemente conoces ya la mayor parte de las cosas que he sugerido anteriormente, pero a veces hace falta repetir una idea una vez más para que se encienda la bombilla y finalmente digas: "¡Voy a hacerlo!" Así que, como dice el lema de Nike, "Hazlo".

Día 16

Reestructura tu entretenimiento

Y perseverando unánimes cada día en el templo, y partiendo el pan en las casas, comían juntos con alegría y sencillez de corazón.

Hechos 2:46

El entretenimiento es un esfuerzo espiritual. De hecho, Jesús era firme en que sus discípulos descansaran de todas sus actividades y se reunieran en grupo. Encuentro interesante que Jesús no respondiera con un "¡Vamos!" o un "¡Adelante!" cuando ellos volvían de su viaje evangelizador y con emoción le relataban el éxito que habían conseguido.

"Él les dijo: Venid vosotros aparte a un lugar desierto, y descansad un poco. Porque eran muchos los que iban y venían, de manera que ni aun tenían tiempo para comer. Y se fueron solos en una barca a un lugar desierto" (Mr. 6:31-32).

Jesús sabía que si sus discípulos no paraban

Día 16: Reestructura tu entretenimiento

periódicamente para descansar y distraerse, se volverían ineficaces. Debemos mantenernos en guardia y entender que Satanás quiere que vayamos de un extremo al otro: o todo trabajo o todo diversión.

Observé durante mis años de orientación financiera que las mujeres son más propensas que los hombres a trabajar demasiado, sin recesos para descansar. A mí también me pasa. Además, cuando los hombres se divierten, con mayor probabilidad se implican en actividades más caras y no sienten remordimiento por el impacto que éstas puedan tener sobre las finanzas de la familia. Sé honesto. ¿Eres una de esas personas que insiste en participar en deportes "de ricos" sin hacer caso de tu presupuesto "de pobre"? ¿Realmente sólo puedes disfrutar con el golf, el esquí, los deportes náuticos y otras actividades de alto coste? ¿Te resulta algo impensable la idea de eliminar o reducir estos deportes? Si quieres controlar tus finanzas, que ahora están fuera de control, no puede haber ninguna "vaca sagrada" o actividad intocable. Simplemente debes mirar con seriedad tu plan de gastos y ver con qué frecuencia puedes gratificarte razonablemente con estas actividades de alto nivel. Ten presente que eres un administrador de los recursos que Dios te ha confiado y que Él te otorgará tanto dinero como demuestres que puedes manejar.

Conozco a un hombre, a quien llamaré Daniel, que jugaba al golf con los amigos varias veces por semana mientras su casa estaba siendo embargada y él tenía préstamos personales pendientes. En general, su condición financiera familiar se deshacía. Con frecuencia se ausentaba del trabajo debido a sus actividades recreativas y al final fue despedido por su escasa asistencia. Sólo se me ocurre explicar su comportamiento como una adicción o simplemente como mera irresponsabilidad. ¿Qué pasó con salir a correr, andar en bicicleta, nadar y otras alternativas económicas en lugar de las caras? ¿Realmente tienes que reunirte con tu amigo para desayunar, o una caminata ligera sirve mejor para ponerse al corriente de lo que ha estado ocurriendo en la vida de cada uno? A la mayoría de mis amigos cercanos, ahora les pido que nuestra reunión consista en un paseo por la playa o dando vueltas por la pista de atletismo de la escuela secundaria en lugar de enfrentarnos a esa cesta irresistible de pan en nuestro restaurante favorito. Ahorramos dinero y calorías.

Mientras reestructuras o reduces tu entretenimiento, ten presente que sin importar lo que hagas, el entretenimiento debería refrescarte mental y físicamente. La esencia de la palabra "recreación" implica que en el proceso se imparte vida nueva. Así que la elección de tus compañeros de entretenimiento es tan importante como la actividad en sí. Participar en actividades agradables con personas gratas maximiza el valor del entretenimiento. Mi esposo tiene la política de jugar al golf sólo con gente con la que realmente disfruta. Dice que la camaradería es una parte integral

Día 16: Reestructura tu entretenimiento

de la actividad. He notado que un paseo con una persona insegura o competitiva aumenta el ritmo de mi corazón y me estropea el día. Por otra parte, cuando camino con una mujer que ama a Dios, que persigue sus objetivos en la vida y que sabe cómo y cuándo escuchar, me siento vigorizada. Muchas veces el paseo se convierte en una sesión de oración o, en otras ocasiones, solo en carcajadas.

La reestructuración de tu entretenimiento puede significar que renuncias a las palomitas de maíz en el cine. ¿Sabías que los cines obtienen más ganancias de la venta de bebidas y golosinas que de las propias entradas? Piensa en hacerte tus propias palomitas de maíz, cuando llegues a casa, por menos dinero. Ese sería también un buen momento para criticar la película y estrechar vínculos con tu compañero o pareja. Después de todo, seguramente no ha habido ninguna vinculación conversacional durante la película.

Estoy segura de que puedes mencionar muchas otras cosas que se pueden hacer para gastar menos en ocio. Piensa un poco y comprométete al menos con algo que puedas hacer enseguida. Cuando te decidas de verdad a controlar tus finanzas, entenderás que el cambio y la disciplina financiera deben extenderse a todas las áreas posibles.

Día 17
Gasta en sincronía con tu cónyuge

¿Andarán dos juntos, si no estuvieren de acuerdo?

Amós 3:3

Las cuestiones financieras son la razón número uno de los fracasos matrimoniales en los Estados Unidos. La mayor parte de las parejas harían bien en entender la naturaleza de una sociedad comercial y modelar ciertos aspectos de sus matrimonios en consecuencia. Por ejemplo, en una sociedad comercial, los socios deben practicar la revelación total de la información financiera. No se esconden activos o detalles de transacciones. Cada socio está de acuerdo con las metas y objetivos y tiene algo que decir en todos los aspectos de la empresa.

Cuando la mujer sunamita quiso construir un cuarto de huéspedes para el profeta Eliseo, no llamó inmediatamente a los contratistas. "Y ella dijo a su marido: He aquí ahora, yo entiendo que éste que siempre pasa por nuestra casa, es varón santo de Dios. Yo te ruego que hagamos un pequeño aposento de

Día 17: Gasta en sincronía con tu cónyuge

paredes, y pongamos allí cama, mesa, silla y candelero, para que cuando él viniere a nosotros, se quede en él" (2 R. 4:9-10). Ni el hecho de que ella pudiera costearlo, ni que fuera para una buena causa le impidió informar a su marido. Él obviamente estuvo de acuerdo con la idea, porque la siguiente cosa que leemos es que Eliseo se ha instalado en el cuarto. Esta es una gran lección para las mujeres de hoy, sobre todo mujeres que manejan sus propios recursos. Muchas piensan que ningún hombre tiene que decirles qué hacer con su dinero. Esta actitud destruye las relaciones personales. En una sociedad comercial, todo lo que entra pertenece a la sociedad. El matrimonio es una sociedad del más alto nivel. En el matrimonio no hay ninguna necesidad de rastrear las contribuciones de socios individuales porque nadie debería esperar una disolución o la distribución final de estos fondos como en una sociedad comercial.

Cada pareja tiene que estar de acuerdo en las compras principales. Ese "principales" será diferente para cada pareja porque viene determinado por sus ingresos familiares. Cada pareja debe decidir la cantidad máxima de dinero que cada uno puede gastar sin consultar con el otro. Cualquier cantidad por encima de esto requerirá el acuerdo de los dos. Atente a lo que se ha acordado. Confía en mí, es importante. Si no se ponen ustedes dos de acuerdo y el negocio se estropea, la tendencia es señalar con el dedo al otro.

Hace muchos años Darnell y yo compramos una flamante caravana para poder acampar con nuestros amigos. Darnell me convenció de que también le serviría como vehículo de transporte regular ya que su trabajo distaba solo unos kilómetros de nuestra casa. Además, él me vendió la idea justificando que ya que tenía cupo para bastantes personas, yo me divertiría mucho cuando él nos llevara a pasear alrededor de la ciudad. Disfrutamos de un año de felicidad con nuestra nueva adquisición.

Las cosas comenzaron a estropearse cuando el estacionamiento de la compañía de Darnell fue demolido para un proyecto de construcción. Encontrar un estacionamiento en la calle se hizo más difícil cada día. Estaba claro que él necesitaba un auto normal. Como con la mayor parte de los vehículos de cualquier clase, la caravana perdió muy pronto una parte importante de su valor. La habíamos financiado y nos encontramos debiendo más por ella que su valor en el mercado. La cuestión pronto se convirtió en la pregunta: "De todos modos ¿de quién fue la idea?" Silenciosamente señalé con el dedo. La vendimos con una enorme pérdida y lo apuntamos como experiencia que nunca volveríamos a repetir, hasta que compramos el "mini yate" varios años más tarde. Convencí a Darnell de que me ayudaría a descansar más y sería hasta un refugio para escribir. Además, pasaríamos mucho tiempo juntos en el puerto deportivo. Él finalmente estuvo de acuerdo. Cuando alguien nos advirtió que a los barcos pequeños también se les llaman "papeleras" porque en ellos no se tira basura sino miles de dólares, nos reímos. Resultó que no era ninguna broma. Cuando pagamos la factura mensual, tasas de amarre, buzos para quitar los percebes del fondo del barco, seguro y reparaciones interminables ocasionadas por nuestro uso infrecuente, comenzamos a preguntarnos sobre nuestro propio sentido financiero. Incluso aunque los dos habíamos estado de acuerdo con la compra, por lo visto olvidamos invitar a Dios a ser socio en la transacción. De modo que una vez más nos encontramos debiendo más que el valor de mercado por una inversión de recreo. Arrojamos la toalla y decidimos venderlo. Ahora soy tan escarmentada que limito mis compras recreativas a zapatillas de tenis y viseras. La moraleja de estas historias es no solo gastar con el consentimiento de ambos, sino también en sincronía con Dios. Al menos podemos decir que no violamos nuestra regla de consultarnos el uno al otro en compras principales. Es solo que quisimos complacernos mutuamente y realmente no fuimos sinceros en nuestros sentimientos.

Tengo historias interminables de parejas que tomaron grandes decisiones financieras completamente fuera del acuerdo con sus cónyuges. En una ocasión, el esposo decidió dejar su trabajo para empezar una actividad empresarial sin consultar a su esposa. Él anunció su decisión en una reunión de parejas mientras ella se quedó allí sentada sorprendida e incrédula. Ella pidió el divorcio poco después. En otra ocasión, un hombre cristiano que regentaba un negocio con su esposa confesó que la engañaba al hacerla pensar que tenían mucho menos dinero del que en realidad tenían. Él decía que ella era demasiado irresponsable con las finanzas. "Además", argumentaba él: "Soy yo el que hace la mayor parte del trabajo de todos modos. Ella contribuye muy poco". Él creía que tenía derecho a comprar varios juguetitos caros limitándola a ella a lo que él juzgaba como una concesión generosa. Ella se siente muy molesta con él por esto. En vez de hacer el trabajo difícil de ir a la raíz de su irresponsabilidad financiera, él decide tratar únicamente los síntomas. Lo último que oí de ellos es que todavía siguen discutiendo y sonriendo en la iglesia cada domingo como si todo estuviera bien.

Una parte importante del conflicto se podría evitar al principio del matrimonio con una comunicación eficaz sobre finanzas. La mayor parte de las parejas se limitan a suponer que todo funcionará bien después de decir "sí quiero", para descubrir al poco tiempo que la respuesta a ciertas cuestiones financieras es "no quiero". Creo que a las parejas que se plantean vivir un matrimonio piadoso les vendría muy bien tener una conversación sincera para asegurarse de que comparten los mismos puntos de vista financieros y han puesto todos los asuntos económicos sobre la mesa. La mayor parte piensan que esta tarea puede resultar bastante conflictiva, de modo que la evitan. Para facilitar tal discusión, desarrollé una lista de 20 preguntas que están diseñadas para centrarse en las cuestiones financieras más problemáticas que una pareja tendrá que afrontar. Estas preguntas aparecen en el apéndice D, "Visión prematrimonial 20/20. Prueba de compatibilidad financiera". Cada miembro de la pareja debe contestar las mismas preguntas para determinar si tendrán problemas en algún tema económico. Si piensas casarte, debes pedir a Dios el valor necesario para encarar estas cuestiones antes de que surjan.

Si ya estás casado y experimentas problemas financieros, invita a Dios a entrar en tu sociedad y pídele el valor y la sabiduría necesarios para tener "la conversación". Comienza por el aquí y ahora, señalar con el dedo por cosas pasadas será un ejercicio inútil. Trae todo lo escondido, incluso actitudes viejas, destructivas. Reconoce a Dios en todos tus caminos, y Él enderezará todas tus veredas (Pr. 3:6).

Día 18
Reduce los regalos

*Cada uno dé como propuso en su corazón:
no con tristeza, ni por necesidad, porque Dios
ama al dador alegre.*

2 Corintios 9:7

Parece que siempre hay una fiesta o un día especial que celebrar en el que tenemos que comprar un regalo para alguien. Mi esposo, aunque es un hombre muy generoso, dice que esto es una conspiración de la industria floral. He oído a otros decir que esto es un invento de los minoristas. No importa quién sea el culpable de esta invención, el caso es que nosotros nos sentimos presionados a comprar un regalo para el homenajeado. Ahora, antes de que me tildes de avara, sigue leyendo. Cuando examiné el total de nuestros gastos de un año y me di cuenta de cuánto gastábamos en regalos, decidí que era hora de reducir los gastos en esta área. Cuando miré la lista de receptores, me di cuenta de que habíamos comprado algunos regalos de mala gana o en respuesta a las expectativas de otros. En particular,

Día 18: Reduce los regalos

algunos regalos de boda eran para personas que apenas conocíamos y con quien no teníamos ninguna relación directa. Muchos de ustedes probablemente se habrán encontrado en esta situación.

Hace unos años salía del supermercado una noche y se me acercaron dos señoras para preguntarme por la parada de autobús más cercana. Al ver todas las bolsas de compras que llevaban, tuve curiosidad por saber a qué distancia tenían que ir. Cuando me dijeron su destino, me di cuenta de que no estaba lejos de mi casa y que el autobús todavía tardaría algún tiempo en llegar a la parada del supermercado. Oré en silencio sobre si dejar a personas completamente desconocidas entrar en mi auto. Sentí paz al respecto y ofrecí llevarlas a su casa. Ellas aceptaron encantadas.

Me enteré de que estaban de vacaciones y eran de Belice. También supe que la mayoría de las bolsas pertenecían solo a una de ellas. Eran regalos para personas que se habían quedado en casa. La reina de las compras comenzó entonces a quejarse de que tenía que comprar todos esos regalos o las personas estarían realmente decepcionadas porque ella siempre llevaba regalos de Estados Unidos. Admitió que realmente no podía pagarlos y se sentía bastante angustiada por verse obligada a seguir esta costosa costumbre financiera. Además, había gastado una parte significativa de su tiempo de vacaciones buscando los regalos y como resultado estaba físicamente agotada. Había comenzado a temer las vacaciones anuales debido a esto. No sentía ninguna alegría al dar. Pasé los siguientes 20 o 30 minutos aconsejándole maneras de bajarse de esa montaña rusa. Lo curioso fue que cuando pregunté a la otra señora cómo había logrado evitar toda esta carga de tener que regalar, ella simplemente respondió: "Es muy sencillo, no lo hago".

He visto a muchas personas crear un monstruo financiero que nunca tienen el valor de matar. No recomiendo la tacañería, pero si tienes que controlar tus finanzas, debes forjar algunas valientes disciplinas. Sé que para algunas personas, sobre todo aquellos con baja autoestima, cortar de golpe y decir: "¡Nunca más!" será demasiado, así que recomiendo que toda persona con problemas económicos comience por comprar regalos más pequeños y diferentes. Por ejemplo, en el caso de la compradora de Belice mencionada antes, yo sugeriría un paquete de tarjetas postales de los sitios claves de Los Ángeles en lugar de una camiseta y una gorra.

Los regalos de boda para conocidos distantes podrían consistir en un juego de toallas de baño blancas de buena calidad, juegos de paños de cocina, una sartén bonita, u otros artículos útiles, genéricos comprados de una tienda de liquidación o de grandes descuentos. Olvídate de la lista de bodas y de los lugares elegantes. No es obligatorio. También, olvídate del dinero en efectivo. Ellos no adivinarán que solo pagaste 10 dólares por algo que originalmente tenía un valor de 40, pero un regalo en efectivo de 10 dólares se considera (y es) poco. Si te atienes a algo útil, lo apreciarán. Tampoco trates

Día 18: Reduce los regalos

de engañar a quienes reciben el regalo poniéndolo en una caja de lujo de una tienda de alta calidad. Podrían intentar cambiarlo, y descubrir que no fue comprado allí. ¡Vulgar, vulgar, vulgar!

Además, ¿qué tratas de decir con tu regalo? Piensa detenidamente en esto y sé honesto. ¿Vives una mentira dando a entender que puedes permitirte tal generosidad? ¿Tratas de ganar el favor del receptor? ¿Sabes que el favor viene de Dios y es gratuito? "Porque tú, oh Jehová, bendecirás al justo; como con un escudo lo rodearás de tu favor" (Sal. 5:12).

En días especiales, no siempre tienes que enviar flores caras, excepto tal vez en el día de San Valentín (aun entonces, tu esposa o novia debería entender que envíes una versión simplificada). Trata de ser atento cada día, significará más que si lo haces sólo por cumplir con la imposición de un día especial. San Valentín es solo una formalidad en nuestra casa. Me impresiona más el amor de Darnell por mí cuando él insiste en sacar del auto todas las bolsas de la compra, cuando lava los platos, me llena el auto de gasolina, lleva mi auto a lavar, me acompaña a conferencias para promover mis productos y muestra una consideración total. Para mí, estas son las mejores "flores". Desde luego, siendo mujer, espero realmente *algo*, pero me doy por satisfecha con una sencilla rosa y una tarjeta.

Hablando de flores, una planta bonita es apropiada en muchas situaciones y durará más y puede costar menos, sobre todo si la recoges y la entregas tú mismo, lo cual es un detalle muy agradable en esta sociedad que vive tan de prisa. Recientemente tiré una planta de siete años que unos amigos nos dieron para el entierro de un pariente. Era un recordatorio agradable de su vida. Un arreglo floral se habría marchitado a los pocos días.

Otros regalos económicos pueden ser pañuelos blancos para hombres, entradas para el cine, suscripciones a revistas, artículos de escritorio, tarjetas para escribir notas, o un libro. Ninguno de estos regalos hará que tu presupuesto salga de control. De hecho, compro regalos genéricos (productos para el cuerpo, baño, etc.), bolsas para regalo y un surtido de tarjetas para ocasiones especiales dos o tres veces al año y los guardo en un cajón especial. Si descubro que he olvidado un cumpleaños, puedo preparar una bolsa de regalo barata en minutos. Realmente es el pensamiento, y no el objeto, lo que cuenta. Lo importante es que recordé a alguien y realicé un pequeño esfuerzo adicional para hacérselo saber. Si una persona no puede apreciar un regalo a menos que sea caro, entonces yo pondría en duda la autenticidad de esa relación.

Los regalos navideños parecen plantear el mayor desafío: todo a cambio de ningún beneficio a largo plazo. Por ejemplo, ¿cuáles fueron los tres regalos más notables que recibiste por Navidad el año pasado? ¿No puedes acordarte? Te aseguro que las personas a quienes diste regalos tienen el mismo problema para recordarlos. Así que, si los regalos no se recuerdan fácilmente, ¿por qué tienes que estar recordándolos tú cada mes cuando haces el pago de tu tarjeta de crédito? ¿Por qué dar un regalo que sigue costando? Da algo sencillo de corazón. Me conmovió esta Navidad pasada cuando una pareja me dio una bolsa con una mezcla para infusiones preparada personalmente. Introdujeron la mezcla en una simple bolsa de plástico y la pusieron en una bolsa de regalo con muchos pañuelos de papel. Estaba tan rica que les persuadí a darme la receta. Los recuerdo cada vez que preparo la infusión.

Cuando llegues al punto donde tus finanzas estén estables y disfrutes de abundancia, da según tu capacidad y tu deseo y hazlo alegremente.

Día 19

Mejora tus conocimientos financieros

Compra la verdad, y no la vendas; la sabiduría, la enseñanza y la inteligencia.

Proverbios 23:23

Mi hermano y su hija, una niña de primaria, hacían compras en el centro comercial y ella estaba importunándolo para que le comprara algo. Cuando él le dijo que no tenía dinero, ella inocentemente contestó: "¡Pues firma un cheque!" Lamentablemente, el analfabetismo financiero no se limita a los niños pequeños. El senador Mike Enzi lo dijo mejor en sus comentarios al Comité de Banca de Estados Unidos en febrero de 2002: "La alfabetización financiera es algo necesario en una amplia variedad de niveles de ingreso. No importa cuánto se gane, la administración del dinero es una necesidad. Es algo que tenemos que comenzar a enfatizar desde la escuela primaria y seguir haciéndolo en la secundaria. No deberíamos detenernos allí. La educación financiera debería ser algo en lo que tendríamos que centrarnos toda nuestra vida".[*]

Muchas veces las finanzas de una persona se han descarrilado no tanto por su desobediencia a la Palabra de Dios como por su ignorancia a la hora de manejar el dinero. Di un curso sobre finanzas de seis semanas de duración para un pequeño grupo compuesto sobre todo por mujeres jóvenes con títulos universitarios. Una de las estudiantes, desconcertada por la baja puntuación de su crédito, explicaba cómo gestionaba los pagos mensuales de sus tarjetas de crédito. "No los pago cada mes", explicó ella: "Ahorro hasta que puedo hacer un pago realmente grande. ¿Está bien eso?" ¡Casi me desmayo! Obviamente ella no sabía que sus hábitos de pago eran uno de los componentes clave de su puntuación de crédito. Está claro que muchas de nuestras instituciones de aprendizaje no preparan a estudiantes para el verdadero mundo financiero.

Si piensas que los "puntos" son los beneficios positivos de comprar una casa o que una "cuenta de depósitos en garantía" es una reserva de efectivo para recuperar a tu perro en caso de que sea capturado sin chapa de identificación, tienes que mejorar tus conocimientos financieros. Muy pocas personas invierten en superar su analfabetismo financiero. El rey Salomón dijo que deberíamos: "comprar la verdad, también la sabiduría, y la enseñanza". Es sumamente importante que adquieras

---

[*] banking.senate.gov/02_02hrg/020502/enzi.htm

un conocimiento financiero básico. Veamos algunas áreas donde esto es clave.

Puntuación FICO

El conocimiento es importantísimo para tu crédito, en particular tu puntuación FICO. Fair Isaac Corporation (FICO) es la entidad que desarrolló la fórmula que tasa la capacidad de pago de una persona. Cada compañía que otorga un crédito usa esta puntuación. La puntuación llega hasta 850. Te encontrarás en verdadera desventaja si tu puntuación está por debajo de 675. Cuanto más alta sea tu puntuación, más baja será la tasa de interés de tu deuda. Los dos factores más significativos que afectan a tu puntuación son tu historial de pagos y los saldos pendientes de tus tarjetas de crédito comparados con los límites de crédito de estas tarjetas. Por ejemplo, si tu deuda de consumidor es de 8.000 dólares en total y tienes un límite de 10.000 dólares, entonces estás al 80% de tu límite. Eso no está bien. Sin embargo, si en esta misma situación, tienes un límite total de 32.000 dólares en todas tus tarjetas, entonces solo debes el 25% de lo que podrías deber. Esto muestra que has empleado alguna disciplina.

Tu objetivo debería ser conseguir una puntuación FICO de al menos 700. ¿Cómo hacer esto? Primero, revisa tu informe de crédito para asegurarte de que no haya ningún error que esté dañando tu puntuación. La mayor parte de informes de crédito tienen alguna clase de inexactitud. Segundo, paga tus facturas a tiempo. Tercero, paga tantas cuentas como sea posible de modo que puedas reducir el porcentaje pendiente de tu límite de crédito total. Piensa estratégicamente. No te precipites y anules todas las tarjetas. Guarda las que has tenido mucho tiempo (necesitas el historial en tu registro) y suprime algunas que te sobran. El "espía" de FICO no sabrá que las has suprimido, sólo pensará que ejerces autodominio para no usarlas.

Leasing de un vehículo

En general, el *leasing* de un vehículo no es una buena idea. Sin embargo, si necesitas urgentemente un auto y no tienes dinero para hacer un pago inicial importante o trabajas muy cerca de casa y, de promedio, conduces muy pocos kilómetros al año (menos de 25.000), el *leasing* es una opción a considerar. Antes de firmar sobre la línea de puntos, solicita al distribuidor una copia del contrato de *leasing* y luego pide a alguna persona capacitada que te explique los términos, sobre todo el "valor residual garantizado". Este es el valor que le garantizas al distribuidor que tendrá el auto al finalizar el *leasing*. Como este valor viene determinado principalmente por la cantidad de kilómetros que hayas conducido, debes entender que no puedes simplemente meterte en el auto y hacer un viaje alrededor del país cada año sin una penalización. Mi marido adquirió un auto en *leasing* una vez, y nos volvimos prisioneros del cuentakilómetros. "¡Vamos en tu auto!" parecía siempre exclamar. Desde luego, esto hizo que acumuláramos más kilometraje en mi vehículo, que sí habíamos *comprado*.

Acuerdos comerciales

Aconsejo conseguir ayuda profesional cuando se está a punto de entrar en un negocio, sobre todo expertos legales y financieros. Al tío José le puede estar yendo bien en su pequeño negocio pero puede que no tenga ni idea de qué estás diciendo cuando hablas de matices en los acuerdos de participación de beneficios y de estrategias de salida. Los abogados y contadores no son expertos en todo, así que te conviene conseguir a alguien especializado en el área que te interesa. Merecerá la pena.

Si hay algún aspecto de tus finanzas que no entiendes, comienza a hacer preguntas. Si no entiendes las deducciones en tu salario y no sabes cuáles son opcionales y cuáles están sujetas a tu control, vete al departamento de nóminas o al de personal y pide que te lo expliquen todo. Puedes simplemente decidir que quieres mejorar tu calidad de vida aumentando tus deducciones actuales y llevando a casa efectivo extra ahora, en lugar de obtener una devolución de impuestos grande a final de año.

Sigue preguntando, sigue aprendiendo. "Oirá el sabio, y aumentará el saber, y el entendido adquirirá consejo" (Pr. 1:5).

Día 20

Elimina gastos emocionales

*¿Por qué gastáis el dinero en lo que no es pan,
y vuestro trabajo en lo que no sacia?*

Isaías 55:2

El gasto emocional es primo hermano del comer emocional. En ambos casos, hay un sentimiento dentro que pide una satisfacción a gritos. Gastar para pacificar una emoción es como aplicarse un anestésico, pero nunca hacerse la cirugía requerida. Consigues alivio temporal, pero el problema permanece.

Soy bastante frugal, así que no me considero una gastadora emocional. Sin embargo, después de trabajar duro en un proyecto, cuando finalmente termino, siento que tengo que recompensarme comprando algo.

Veamos algunas emociones que pueden hacer que quieras gastar fuera de tu presupuesto, y una estrategia para tratar cada una.

Ira

Si te vas quitando las capas que tu enojo ha ido amontonando, puedes acabar descubriendo que estás enojado contigo mismo por tolerar el mal comportamiento de alguien, por no hablar, por ponerte en peligro, o por muchos otros motivos. Antes de correr al centro comercial, encuentra la razón por la que te sientes de ese modo y encara a las personas implicadas. Si no es posible hablar cara a cara, entonces escribe una carta que exprese cómo te sientes realmente debido a lo que ha pasado. Pide a Dios que te dé las palabras y la sabiduría para ser directo, honesto y piadoso al hacerlo.

Aburrimiento

El mejor modo de tratar el aburrimiento es invertir el tiempo en una actividad significativa que te mueva hacia tus objetivos o que haga la vida mejor a otro. Vete a clases para mejorar tus habilidades o conocimientos. Incorpórate a un grupo para visitar residencias de ancianos, hospitales, orfanatos y refugios. Vete solo si no tienes quien te acompañe. Es muy gratificante ayudar a que otros no se aburran. Siembra lo que quieras cosechar y aléjate de las compras por TV e Internet, que hacen tan fácil complacer tus fantasías.

Depresión

Sé que piso tierra sensible aquí, pero si estás deprimido puede ser porque has centrado toda tu atención en cómo te afectan las cosas. Te has vuelto el centro de tu mundo. Si te atreves a salir de debajo de los focos y dejar que estos iluminen a alguien más, obtendrás resultados asombrosos. Mira la lista anterior de posibles actividades en las que centrar la atención.

No obstante, te animo encarecidamente a buscar ayuda médica para determinar si tu depresión es causada por un desequilibrio químico o por otros motivos médicos.

Inseguridad

Cuando te sientes inseguro de tu valor inherente como individuo, puedes acabar comprando cosas para convencer a otros de tu valía. Esto puede tomar la forma de autos, ropa, joyas y otra parafernalia. Algunas personas no pueden comprar la marca auténtica, así que compran imitaciones esperando que nadie note la diferencia. Ellos dan a la frase "vestido para impresionar" un sentido totalmente nuevo. Si eres de los que piensan así, admítelo y deja de vivir en la mentira. Comienza a abandonar poco a poco las compras que no están a tu alcance y empieza a gastar según tus posibilidades económicas. Honra esas cosas intangibles que aportas al mundo, como sentido del humor, integridad, perseverancia, etcétera. No seas como Amán, el inseguro funcionario persa que necesitó el caballo del rey, el traje del rey y la asociación con un príncipe noble para sentirse honrado (Est. 6:7-9).

Frustración

La desilusión ante proyectos o deseos frustrados puede enviarte corriendo al centro comercial, sobre todo cuando no has aceptado la verdad de que nadie puede frustrar los proyectos de Dios para tu vida. Escucha. Si Dios quiere que tus deseos para determinada situación se hagan realidad, nadie puede pararlo. Quizás Él está obrando en ti algo de valor más eterno. Libéraselo. El Padre sabe mejor.

La clave para tratar los gastos emocionales es reconocer la emoción que los está causando. La pregunta más crítica que te harás a ti mismo es: "¿Cuál es el mejor modo de tratar esta emoción?" Entonces puedes abordar la cuestión del artículo que estás a punto de comprar: ¿Lo necesito? ¿Está fuera de mi plan de gastos? ¿Lleva la pelota a mi cancha financiera?

Día 21
Medita tus compras

Considera la heredad, y la compra.
PROVERBIOS 31:16

"¡Lo compramos!" dijimos al vendedor de automóviles. Cuando salimos de casa esa bonita mañana, Darnell y yo no teníamos ninguna intención de volver con un convertible rojo nuevo. Habíamos conducido hasta cierta área para dar un paseo y de camino a casa decidimos visitar un concesionario de autos para complacer nuestra curiosidad. Ni siquiera llevábamos el viejo auto que tendríamos que entregar como parte del pago para esta agradable pequeña mejora. Varias horas más tarde, después de la típica rutina del vendedor consultando con el gerente en la oficina trasera una docena de veces para conseguir la aprobación del precio, nos fuimos conduciendo a casa con un sentimiento de satisfacción. Al día siguiente, despertamos a la realidad al darnos cuenta de que tendríamos que vender nuestro viejo auto enseguida así como pagar por el seguro de tres vehículos. Cuando hicimos todas las cuentas, el coste mensual de este nuevo auto sería igual al pago de la hipoteca de una inversión inmobiliaria en una buena zona residencial de clase trabajadora. Vendimos el auto varios meses más tarde y compramos la propiedad.

Las Escrituras rechazan la impulsividad. "Los pensamientos del diligente ciertamente tienden a la abundancia; mas todo el que se apresura alocadamente, de cierto va a la pobreza" (Pr. 21:5). Esta tendencia hacia la prisa es lo que nos conduce camino de la deuda. Somos la generación del "ahora", y en general no nos gusta retrasar nuestra satisfacción.

Muchas veces Dios trata de protegernos de nuestras decisiones precipitadas mostrando banderas rojas y poniendo barreras alrededor de nosotros. Pero, ¿qué solemos hacer? Metemos la cabeza en la arena y no hacemos caso. Ten cuidado si estás a punto de realizar una transacción y las cosas comienzan a desmoronarse.

En una ocasión mi esposo y yo invertimos en una máquina de cajero automático. (Sí, has leído bien: ¡esas que dispensan dinero!) La promoción de ventas de la compañía era muy atractiva. El vendedor, que afirmaba ser cristiano, nos convenció de que la inversión en un cajero automático era el modo ideal de hacer que nuestro dinero "trabajara para nosotros" sin esfuerzo de nuestra parte excepto pagar el *leasing* de la máquina durante cinco años y ser dueños de ella al final de aquel tiempo. Él prometió —no por escrito— (¡bandera roja… bandera roja… bandera roja!) que encontraría la ubicación ideal, pondría los avisos apropiados y todo

Día 21: Medita tus compras

lo que hiciera falta. Después de firmar el contrato de *leasing*, él volvió y dijo que había calculado el pago incorrectamente y que serían 50 dólares adicionales por mes (¡bandera roja… bandera roja… bandera roja!) Bien, él faltó a todas sus promesas y su compañía no aceptó ninguna responsabilidad en ellas. Él se fue de la ciudad y nos dejó con un pago mensual de 426 dólares que no podíamos anular mientras la máquina seguía en nuestro garaje. Nunca encontramos un lugar adecuado para ella y terminamos vendiéndola varios años más tarde con una pérdida sustancial.

¿Cómo caímos en esta trampa? Primero, estábamos demasiado ocupados para prestar atención a los detalles. Segundo, supusimos que el vendedor era sincero sobre su cristianismo. Ahora somos sumamente cautelosos a la hora de invertir en un negocio únicamente porque el promotor viene "en nombre de Jesús". Finalmente, no quisimos parecernos al siervo malo y negligente del que Jesús habló en Mateo 25 que sepultó el dinero que se le había confiado en vez de invertirlo. Realmente tratábamos de ser buenos administradores. Quisimos maximizar la ganancia sobre nuestros fondos ociosos. Hoy en día somos mucho más inteligentes.

Volviendo a la prisa, si lo piensas bien, las cosas que has comprado por capricho, rara vez son artículos que necesitas. Fueron más bien deseos temporales, deseos llenos de emoción. La mujer de Proverbios 31 *consideró* su campo antes de comprarlo. Incluso si estás seguro de que algo es una gran idea, deberías tener por costumbre meditar sobre tus adquisiciones.

Ten cuidado con los grandes negocios y las liquidaciones. Si no necesitas un artículo y no tienes pensado usarlo, no es una buena compra, no importa lo barato que sea. Tengo toneladas de ropa que he comprado a precios ridículos, pero que nunca me he puesto. La impulsividad te hace ser un blanco fácil para los vendedores voraces, promotores deshonestos y otras estratagemas de ventas. Y hablando de vendedores, no sucumbas a la presión de las fechas límite. Si te propones comprar un artículo, estará todavía allí al día siguiente. Piénsatelo durante 24 horas antes de hacer compras costosas. Antes de comprar, pregúntate: "¿Es esto una necesidad o un deseo?" "¿Puedo pagarlo?" "¿Lo usaré inmediatamente?" "¿Tengo ya algo similar?" "¿Cómo puedo glorificar a Dios con esta compra?"

En una escala más pequeña de impulsividad, también te desafío a permanecer en guardia cuando estés haciendo cola en el supermercado. Recuerda que la mercancía que hay cerca de la caja está estratégicamente colocada para inducirte a gastar más dinero. Debes estar preparado para resistir la tentación de las golosinas, las revistas de cotilleos, las películas y otros artículos de compra impulsiva.

Realmente puedes emular a la mujer de Proverbios 31 al considerar tus compras. Presta atención a la luz roja del Espíritu Santo y no corras. "Reconócelo en todos tus caminos, y él enderezará tus veredas" (Pr. 3:6).

Día 22
Acaba con los consentimientos

Cada uno llevará su propia carga.

GÁLATAS 6:5

Uno de mis hermanos jura que él hubiera llegado más lejos económicamente si no le hubiéramos consentido tanto permitiéndole ser un irresponsable por mucho tiempo. Tiene razón. Como era el menor de siete hijos y mi madre y mi padre se separaron cuando él era pequeño, creo que quisimos asegurarnos de que no se perdiera lo que la vida tenía que ofrecerle. Otro de mis hermanos se convirtió en padre sustituto y le compraba toda clase de juguetes caros. A menudo era la envidia de otros niños de la vecindad. Cuando creció, pedía prestado dinero a la familia y no afrontaba ninguna consecuencia si no lo devolvía. Hasta se hizo socio de un club de automóviles Corvette. Y no es que él tuviera un Corvette, pero... ¡yo sí! Pasé unas cuantas noches de fin de semana sin transporte mientras él paseaba con los amigos. Eso sucedió hace más de 30 años y yo nunca había oído la palabra "consentidor". No sabía que era algo indeseable.

Consentir el comportamiento negativo puede tener severas consecuencias sobre tus finanzas. Las madres son las consentidoras más grandes. Muchas de ellas parecen disculpar el comportamiento inaceptable de sus hijos; sobre todo de sus hijos adultos. El guión es el mismo en la mayor parte de las familias; solo cambian los nombres. No importa cuánto protesten los otros hermanos, la madre constantemente saca al hijo del apuro y declara que ella lo conoce mejor que nadie; después de todo, ellos tienen una relación única.

Algunos abuelos son también consentidores. Recuerdo a una viuda de 83 años que vino a mi oficina llorando porque ella había firmado de aval para el préstamo de un auto para su nieto, el cual había faltado a los pagos. Además, ella también había contratado el seguro del auto y él se vio implicado en un accidente del que resultó culpable. Las víctimas la demandaron y ganaron la demanda. Ahora se veía obligada a vender sus bienes inmuebles para pagar la demanda. Estaba desolada. "No debería haberlo hecho", gimió.

Generalmente, es una mala idea firmar como aval en un préstamo para alguien, sean miembros de la familia o amigos. Una persona que necesita un aval es obviamente un riesgo de crédito alto o el prestamista no requeriría la seguridad del crédito de otra persona. Las Escrituras declaran: "El hombre falto de entendimiento presta fianzas, y sale por fiador en presencia de su amigo" (Pr. 17:18). Esto no quiere decir que no debas ayudar a tu hijo o hija, si son responsables, cuando lo necesiten. Sin embargo, si no puedes permitirte perder el dinero, piénsalo dos veces. Una vez que te has visto implicado en la negligencia de una persona, la sabiduría se impone.

Cuando las personas permiten que sus hijos, cónyuges, o cualquier otro sigan siendo irresponsables sacándolos de apuros o siendo siempre su red de seguridad, interrumpen uno de los instrumentos de enseñanza más eficaces de Dios: sembrar y luego cosechar las consecuencias del comportamiento individual. La verdadera madurez aparece cuando las personas aprenden sus lecciones a través de la experiencia. Los consentidores también dificultan el desarrollo espiritual y emocional de una persona además de poner en peligro su propia seguridad financiera. Esto es una pobre administración.

¿Y tú? Veamos si encajas en el perfil de un consentidor. ¿Sientes que tienes una relación especial con una persona irresponsable? ¿Tratas de protegerlo de las críticas de otros? ¿Tomas la mayor parte de las decisiones por esa persona porque realmente crees que sabes qué es lo mejor para ella y debes protegerla de consecuencias negativas? ¿Realizas para esa persona cualquier tarea que ella podría aprender a hacer sola? ¿Te gusta sentirte necesario para esa persona?

A veces puedes tener tanto miedo a ser rechazado o alienado que permites que tu hijo adulto vuelva a casa sin imponerle ninguna responsabilidad financiera. Si tus finanzas se han visto afectadas por tu propio consentimiento y realmente no tienes valor para cortar de golpe diciendo que eso se acabó, comienza con algo pequeño para salir del agujero. Asígnale el pago de una cuenta de servicios, luego la cuenta del teléfono, después una pequeña cantidad para el alquiler, haz que compre su propia comida, o cualquier cosa que le haga adquirir algún tipo de responsabilidad financiera. Este es el verdadero amor. Las Sagradas Escrituras te respaldarán en esto. "Si alguno no quiere trabajar, tampoco coma" (2 Ts. 3:10).

Pide a Dios que te dé fuerzas para decir no a todas las peticiones de personas irresponsables de tu vida: desde miembros de la familia que siempre necesitan "unos dólares" a amigos gorrones que nunca tienen para pagar su parte de la cuenta cuando coméis fuera. Presta atención a la advertencia del apóstol Pablo: "cada uno llevará su propia carga" (Gá. 6:5).

Día 23
Desecha la falta de honradez

*Que frustra los pensamientos del astuto,
para que sus manos no hagan nada.*

Job 5:12

A veces en medio de una situación financiera difícil, Satanás convence a los hijos de Dios de que Él no va a pelear por ellos. Algunos se preocupan y deciden arreglar la situación del mejor modo posible. En otras ocasiones, la cuestión puede no ser una circunstancia financiera adversa, sino solo la batalla contra la vieja avaricia. Cualquiera que sea la motivación, en momentos así, muchos toman a menudo la decisión imprudente de abandonar su integridad y sucumbir a medidas deshonestas.

Cuando el pueblo de Dios recurre a la falta de honradez, en efecto le dicen a Dios: "Necesito o deseo más dinero que lo que actualmente tengo, pero no creo que tú me lo proporciones. Por tanto, lo conseguiré a mi manera por medios impíos". Esto es una bofetada en la cara de Dios y trae consecuencias muy negativas.

La falta de honradez puede tomar varias formas: fingir una lesión a fin de interponer una demanda, mentir sobre la edad de tu hijo, o utilizar una dirección falsa para conseguir mejores tarifas en el seguro del auto, por nombrar unas cuantas.

Una de las lecciones más poderosas sobre cómo responder con integridad a un empleador o patrón injusto se encuentra en Génesis 29—31. Es la historia de Jacob y su tío y patrón, Labán. Labán sometió a Jacob a toda clase de engaños e injusticias. Engañó a Jacob al casarlo con su hija mayor, Lea, que no era muy atractiva, después de que él hubiera acordado trabajar siete años por Raquel, más joven y atractiva. Jacob fue obligado a trabajar otros siete años a fin de casarse con la mujer que amaba. Labán cambió el acuerdo de pago de Jacob diez veces. No obstante, Dios bendijo a Jacob —quién resultó ser un diezmador— para que tuviera éxito. Él nunca bajó su nivel de trabajo en represalia por el tratamiento injusto de Labán. Más tarde explicó a sus mujeres: "Vosotras sabéis que con todas mis fuerzas he servido a vuestro padre; y vuestro padre me ha engañado, y me ha cambiado el salario diez veces; pero Dios no le ha permitido que me hiciese mal" (Gn. 31:6-7).

Dios instruyó a Jacob para que dejara la situación injusta y volviera a su patria. Él tomó su familia y su fortuna ganada con el sudor de su frente y se marchó sin avisar. Cuando Labán se enteró, juntó su tropa y fue tras él. Sin embargo, antes de que pudiera alcanzarlo, Labán

Día 23: Desecha la falta de honradez

tuvo un encuentro con Dios, que le dijo que tuviera mucho cuidado con lo que le decía a Jacob. Cuando Labán alcanzó al grupo de Jacob, Jacob lo encaró con valor. "Estos veinte años he estado contigo; tus ovejas y tus cabras nunca abortaron, ni yo comí carnero de tus ovejas" (Gn. 31:38).

Si te encuentras en una situación injusta, resiste la tentación "de comer carneros" del rebaño de tu patrón. No hagas llamadas personales a larga distancia, no lleves provisiones a casa, ni alargues los tiempos de descanso. Sigue actuando como si Dios evaluara tu trabajo y mirara cada movimiento tuyo, porque lo hace. Sigue buscando el favor de Dios para un aumento o simplemente busca empleo en otra parte. Recuerda que nadie puede perjudicarte cuando andas rectamente con el Señor. Tu destino divino prevalecerá. "Porque Jehová de los ejércitos lo ha determinado, ¿y quién lo impedirá? Y su mano extendida, ¿quién la hará retroceder?" (Is. 14:27).

Mientras Dios promete abrir las ventanas del cielo y derramar bendiciones al diezmador, la falta de honradez abrirá la puerta de atrás para que esas bendiciones se esfumen y nunca te beneficien. Tus bendiciones terminarán en bolsillos llenos de agujeros. He oído de personas que fingieron lesiones y recibieron grandes cantidades de dinero como indemnización, que acabaron preguntándose más tarde a dónde había ido a parar todo el dinero. "Amontonar tesoros con lengua mentirosa es aliento fugaz de aquellos que buscan la muerte" (Pr. 21:6).

Has de saber que la falta de honradez puede afectar a toda tu familia. Cuando Dios permitió que los israelitas derrotaran a Jericó, les dijo que no tomaran nada de botín. No obstante, un joven llamado Acán tomó dinero y vestidos y los escondió en su tienda. Cuando su pecado fue descubierto, él y toda su familia fueron apedreados y quemados (Jos. 6—7).

Procura no ser para tus hijos un ejemplo de persona mentirosa que hace trampa para obtener beneficios. Es más que probable que ellos copien tu comportamiento y caigan en el mismo hoyo. Una de las mejores herencias que uno puede dejar a su familia es la integridad. "Camina en su integridad el justo; sus hijos son dichosos después de él" (Pr. 20:7).

La riqueza ganada injustamente nunca puede ser realmente disfrutada y no tiene ningún final positivo. Como cristianos, se nos manda que seamos íntegros. La integridad es simplemente el acto de integrar lo que decimos que creemos con lo que realmente hacemos. Sí, incluso cristianos practicantes pueden tener problemas de integridad. Cuando fracasamos en esta área, otros lo ven como una falsedad en nuestro testimonio. Muchas personas no salvas se decepcionan ante tal hipocresía.

Durante este compromiso de 30 días de comenzar a controlar tus finanzas, busca y determina si hay alguna área de tu vida donde puedes no estar siendo íntegro. La integridad también incluye cumplir tu palabra. Cuando las personas no pueden confiar en que pagues tus préstamos o acudas a un sitio tal como prometiste, no

Día 23: Desecha la falta de honradez

estarán inclinados a hacerte un préstamo o a ayudarte cuando más puedes necesitarlo. No racionalices tu comportamiento. Simplemente toma las medidas necesarias para cerrar de golpe esta puerta trasera.

He pedido a Dios que inquiete mi conciencia de modo que no pueda dormir, actuar, o proceder si no actúo con total integridad. ¿Querrás tú hacer tal oración?

Día 24
Cuidado con el despilfarro

*Recoged los pedazos que sobraron,
para que no se pierda nada.*

Juan 6:12

Jesús supone un gran ejemplo de frugalidad. Aun cuando había realizado un milagro y alimentado una multitud de 5.000 hombres y un número sin revelar de mujeres y niños con solo cinco panes y dos pequeños peces, Él ordenó a sus discípulos que recogieran los restos. Cuando terminaron, recogieron 12 cestas llenas. *Vamos, Jesús,* puedes decir, *¿era eso necesario? Podrías haber tirado el pan que sobró. Sólo tenías que realizar otro milagro y hacer más pan cuando fuera necesario.* Mediante sus acciones, Jesús mostraba la importancia de no malgastar lo que Dios ha proporcionado, aun cuando parezca que no se necesita el excedente.

Hablé recientemente con una pareja que había llevado una vida bastante lujosa, pero que por una serie de desgracias lo había perdido todo. Ellos han comenzado a reconstruir sus vidas y trabajan en empleos donde ganan mucho menos de lo que estaban acostumbrados

Salmo 23

Jehová es mi pastor; nada me faltará. En lugares de delicados pastos me hará descansar; Junto a aguas de reposo me pastoreará.
Confortará mi alma; Me guiará por sendas de justicia por amor de su nombre.
Aunque ande en valle de sombra de muerte, No temeré mal alguno, porque tu estarás conmigo; Tu vara y tu cayado me infundirán aliento. Aderezas mesa delante de mí en presencia de mis angustiadores; Unges mi cabeza de aceite; mi copa está rebosando.
Ciertamente el bien y la misericordia me guiaran todos los dias de mi vida, Y en la casa de Jehová moraré por largos dias.

a ganar. Les pregunté sobre el papel que ellos mismos habían desempeñado en su decadencia financiera y admitieron que en parte eran responsables. Concluí tras una observación ocasional de su comportamiento actual que la mayor parte de sus viejos hábitos derrochadores seguían todavía vivos. Ellos denominaron "generosidad" a dar una propina del 95% al joven que ayuda a estacionar autos en el restaurante. De ningún modo me opongo a tal generosidad, pero cuando se trata de estabilizar las finanzas, tienes que entender que la frugalidad es una parte significativa de la espiritualidad y que Dios no está contento cuando derrochamos.

En una de sus parábolas, Jesús habló de un hijo que convenció a su padre para que le diera su herencia antes del tiempo designado. "No muchos días después, juntándolo todo el hijo menor, se fue lejos a una provincia apartada; y allí desperdició sus bienes viviendo perdidamente" (Lc 15:13). Cuando se le acabó el dinero, solo pudo encontrar trabajo alimentando los cerdos de un agricultor. Casi se muere de hambre. En un momento dado tenía tanta hambre que tuvo que comer las algarrobas con las que el agricultor alimentaba a los cerdos. Puedo imaginármelo allí sentado en el comedero repartiendo el alimento entre él y los cerdos: "Para los cerdos", "para mí", "para los cerdos", "para mí". Entonces se dio cuenta de que los criados de su padre vivían mejor. Se humilló y se dirigió a casa. Su padre misericordioso se alegró de recibirlo y le dio una gran fiesta de bienvenida. Desde luego, con esa fiesta, el padre de ningún modo aprobaba el derroche de su hijo, más bien celebraba que hubiese recuperado el sentido.

¿Eres despilfarrador en alguna área de tu vida, o buscas activamente maneras de practicar la frugalidad? Por ejemplo, ¿permites que tus hijos abran una lata de refresco, tomen unos sorbos y luego la tiren a la basura? ¿Sabías que hay tapas especiales en el supermercado que permiten que puedas volver a tapar las latas y conservar el gas? ¿Te da demasiada vergüenza pedir una bolsa para llevar lo que sobra cuando comes fuera? ¿Traes a casa la comida sobrante del restaurante y luego permites que se estropee en el congelador antes de consumirla? ¿Piensas reutilizar las bolsas de plástico para el almuerzo, sobre todo aquellas que solo utilizas para artículos secos como patatas fritas y galletas? Pueden reciclarse al menos una vez después de una rápida limpieza con un paño húmedo. ¿Apagas siempre las luces cuándo sales de la habitación? ¿Usas ambos lados del papel cuando imprimes borradores de informes, en casa y en el trabajo?

He practicado la frugalidad hasta donde puedo recordar. De hecho, Darnell bromea diciendo que aprieto cada dólar con tanta fuerza que es un milagro que no le borre la cara a George Washington. Sí, pongo la botella boca abajo y me tomo hasta la última gota. Recojo cada penique que encuentro cuando salgo a caminar. Como dijo Benjamín Franklin: "Un penique ahorrado es un penique ganado". Uso vinagre y agua en vez de limpiadores caros para limpiar cristales y superficies brillantes. Hago todo lo que puedo para ahorrar dinero

Día 24: Cuidado con el despilfarro

no para acumularlo, sino para compartirlo. No puedo pensar en nada que haya comprado alguna vez y que me haya traído más alegría que firmar un cheque a alguien que lo necesita desesperadamente. Nunca nos parecemos más a Cristo que cuando damos.

Quiero equilibrar nuestra discusión advirtiendo que no debemos permitir que nuestro deseo de ser frugales nos impida disfrutar totalmente de las cosas que están dentro de los límites permitidos por Dios. Disfruto plenamente de la vista impresionante de la ciudad desde mi casa. Mi esposo y yo hemos hecho grandes sacrificios al anteponer las necesidades de la casa de Dios a nuestros propios deseos. Por lo tanto, nos negamos a permitir que Satanás nos haga sentir culpables por lo que Dios nos ha proporcionado.

La frugalidad no es una llamada a la pobreza, y desde luego no debería eliminar la diversión de nuestras vidas. Es importante que disfrutemos de la vida abundante que Cristo vino a darnos. Es igualmente importante entender que la abundancia no debe compararse con el derroche. Dios bendice a sus hijos con abundancia de modo que ellos puedan bendecir a otros con dicha abundancia. Si todos vivimos en la miseria, ¿cómo tendremos abundancia?

La frugalidad es simplemente evitar el despilfarro. El derroche mantendrá tus finanzas al borde del colapso. La frugalidad es prueba de que Dios puede confiarte más recursos porque has aprendido a manejar los que Él ya te ha suministrado.

Día 25
Mejora tu imagen

El hombre mira lo que está delante de sus ojos.
1 Samuel 16:7

Después de que el rey Nabucodonosor de Babilonia sitiara y conquistara Jerusalén, decidió entrenar a un grupo escogido de los cautivos jóvenes de las familias reales para el servicio de palacio en Babilonia. Él tenía algunos criterios muy estrictos que ellos debían cumplir:

> *"Muchachos en quienes no hubiese tacha alguna, de buen parecer, enseñados en toda sabiduría, sabios en ciencia y de buen entendimiento, e idóneos para estar en el palacio del rey; y que les enseñase las letras y la lengua de los caldeos"* (Dn. 1:4).

¿Estás cualificado para servir en la casa del rey? ¿Das la imagen de alguien sano y vigoroso? No trates de negarlo aquí. Mírate en el espejo y sé honesto. Si fueras un patrón que te está evaluando, ¿te considerarías como un gran candidato? ¿Qué tal es tu gramática y dicción? Si es necesario, toma clases y aprende a articular bien; sobre todo si tienes un acento marcado. Es importante que seas capaz de comunicarte con eficacia. ¿Has invertido en ti tomando clases o comprando libros para mejorar tu imagen? De ser así, los patrones potenciales o los clientes pueden suponer que necesitas obviamente más ingresos que el entrevistado medio. Pueden concluir que no sería apropiado ofrecerte menos dinero.

Ten cuidado con tu imagen cuando uno de los ejecutivos superiores de tu compañía o un cliente clave pague la cuenta del almuerzo. No querrás dar la impresión de tener mucha hambre o parecer demasiado sencillo. Olvídate de la bolsa de comida para llevar. Pedí a un compañero de trabajo que me acompañara a almorzar con un ejecutivo bancario. Como él había comido bastante en su tiempo de descanso, realmente no tenía hambre. En vez de pedir un aperitivo u otra cosa ligera, continuó lamentándose de que no tenía apetito. Finalmente notando la impaciencia del camarero al tomar su pedido, dijo: "Quiero una hamburguesa de pavo para llevar". Quedé horrorizada. Le lancé una mirada fulminante y pidió el cóctel de gambas.

Cuando conoces las reglas de protocolo y otras habilidades sociales, puedes sentirte cómodo en cualquier escenario. Recuerda que la confianza tiene su raíz en el conocimiento, así que aprende todo lo que puedas. La biblioteca local, las librerías e Internet ofrecen grandes recursos para ayudarte a mejorar tu imagen y obtener información que desarrolle tu confianza.

Asegúrate de vestirte adecuadamente incluso en las reuniones informales de tu empresa. Me disgusta ver empleados que no tienen ni idea de lo que significa "día informal". Aunque sean momentos de dejar a un lado trajes, corbatas y medias, algunas personas se pasan al otro extremo y visten como si fueran a la playa o estuvieran a punto de hacer la limpieza de primavera. A pesar de que la mayor parte de las empresas tienen pautas escritas para tales días, he visto muchos hombres aparecer en pantalones de deporte, mientras que las empleadas lucen trajes con aberturas hasta lo indecible y escotes inadecuados. El puesto de trabajo no es realmente el lugar para ser atractivo, a menos que sean estos tus planes para promocionarte. Desde luego, los cristianos saben que si ellos hacen bien su trabajo, Dios se encargará de los ascensos.

Ten un vestuario básico que puedas encajar en todas las ocasiones. Para hombres, al menos un traje oscuro es obligatorio. Conozco a un ejecutivo de nivel medio que recibió una invitación de última hora para representar a su compañía en un acontecimiento de traje de etiqueta con otros ejecutivos de rango superior. Cuando le pregunté qué planeaba llevar puesto, declaró que llevaría una camisa y corbata pues no tenía ni un simple traje. Le aconsejé que tomara un traje prestado porque, sin él, iba a sobresalir demasiado. Las mujeres

Día 25: Mejora tu imagen

con un vestido negro sencillo y algún collar de perlas estarán bien.

Sé que las Escrituras dicen: "El hombre mira lo que está delante de sus ojos, pero Jehová mira el corazón" (1 S. 16:7). En mis seminarios, enseño que estos son dos pensamientos independientes. Al tratar con el hombre, sería sabio centrarse en el aspecto externo, al tratar con Dios, deberíamos asegurarnos de que las intenciones de nuestro corazón son puras. Con esto está todo dicho.

Conozco a una mujer que fue a trabajar para una compañía muy importante y estaba bastante preocupada porque a ella, que era nueva, se le había dado un trato preferente sobre un hombre que llevaba en la compañía muchos años y, por tanto, tenía mucha más experiencia. Cuando ella preguntó a un miembro de la dirección sobre esto, él contestó: "Ah, usted es mucho más sofisticada que él". Ahora presta atención, la sofisticación no significa que ella comía con un meñique levantado o que fingía un cierto aire aristocrático. Eso no le gusta a nadie. Ella simplemente demostró un comportamiento más refinado que el otro empleado. Él era conocido por su risa insólita y muy ruidosa —que se podía oír por todo el piso donde trabajaba— y al parecer lo encontraba todo gracioso. Además, él era origen de muchos chismes en la compañía. Su comportamiento tuvo un impacto definido en sus finanzas. Esto le costó ascensos y el respeto de la dirección.

Aunque me haya centrado en empleados en esta discusión, estos principios se aplican a todos los que se relacionan con otros que pueden afectar a sus finanzas. Incluso si eres un empresario, tu aspecto y profesionalidad no pasarán desapercibidos para tus clientes.

No seamos cautelosos a la hora de tener una imagen cuidada. No deberíamos despreciarlo como un pensamiento puritano, pasado de moda. Créeme, la imagen que muestras al mundo importa.

Día 26
Deja de postergar

*El que al viento observa, no sembrará;
y el que mira a las nubes, no segará.*

Eclesiastés 11:4

"No dejes para mañana, lo que puedas hacer hoy". Suena trillado ahora, pero este consejo de nuestros profesores y padres fue uno de los mejores consejos que alguien podría darnos. La vida es demasiado corta para quedarse estancado haciendo planes. El doctor Myles Munroe dice que el cementerio es uno de los sitios más ricos de la tierra porque muchas ideas y sueños están sepultados allí. ¿La costumbre de postergar las cosas te está robando tus sueños y objetivos financieros?

Veamos algunas causas del origen de la costumbre de postergar las cosas y entender lo que debemos hacer desde un sentido práctico para vencerla.

Temor al fracaso

Muchas personas se sienten inadecuadas para realizar tareas necesarias y temen ser un gran fracaso.

¿Te pasa eso a ti? Bien, tal vez no encuentres estas palabras inspiradoras, pero en efecto, sin Dios, eres inadecuado. Acepta el hecho de que sin Él no puedes hacer nada, pero con Él puedes hacer cualquier cosa. Comprende también que el fracaso no es algo fatídico. Puede ser solo parte de la estrategia de Dios para poner a punto tus habilidades, reforzar tu fe y desarrollar tu humildad de modo que puedas tener muy claro quién tiene el mérito de tu éxito final. Dios nunca da a nadie una responsabilidad sin darle antes la capacidad de responder.

Temor al éxito

Hay en efecto un inconveniente en llegar a ser una persona con éxito financiero. Existe la posibilidad de ser alienado o rechazado por compañeros, miembros de la familia, u otros conocidos con poco éxito y sin ambición. Algunos te apoyarán sinceramente, pero otros pueden ver tu éxito como un recordatorio de lo que ellos podrían haber logrado. También, las personas tienden a elevar sus expectativas respecto a las personas triunfadoras. Así que, tal vez sientas que ya no puedes ser el mismo de antes, aquel que se alimentaba de comida basura y no usaba maquillaje. Conozco a una mujer que se ha enfrentado a este miedo. Siempre temía que el éxito la alejaría de las personas normales que amaba y con las que quería relacionarse. Temía ser condenada a la soledad porque la gente supondría que ella estaba fuera de su alcance.

¿Y qué hay de esos que de pronto necesitan de tus fondos

para salir de apuros? ¿Temes ser odiado o rechazado por decirles que no debido a su irresponsabilidad financiera? Finalmente, ¿y si no puedes mantener el éxito? La mera idea de perderlo puede crear un alto nivel de ansiedad.

¿Estás dispuesto a permitir que estas posibilidades te destinen a cadena perpetua en "la prisión de la mediocridad" donde solo tienes suficiente dinero para sobrevivir y nunca puedes ser una bendición para alguien? ¡De ninguna manera! Dios te dará la gracia para enfrentarte a cualquier desafío que surja. No puedes imaginar tu vida de principio a fin y luego tratar de encajar todas las piezas con esmero en el rompecabezas. No hay ni siquiera una imagen final del producto sobre la caja llamada vida. Nuestro paseo diario es el de la fe, "por fe andamos no por vista" (2 Co. 5:7).

Poca visión de futuro

Algunas personas postergan para evitar la molestia, el sacrificio personal, o algo desagradable a corto plazo asociado con el logro de su objetivo. Han permitido que estas cosas ensombrezcan el beneficio futuro. Por ejemplo, supón que has retrasado la continuación de tu educación. Quizás hayas razonado: "Me gustaría volver a estudiar, pero tardaría dos años en terminar el programa. Dentro de dos años tendré 40. Es demasiado tarde ya. Además, tendría que dedicar los fines de semana a estudiar. Bien, ¿sabes qué? tendrás 40 dentro de dos años tanto si vuelves a estudiar como si no. En cuanto a los fines de semana, tu programa de estudio no es un proyecto eterno. El tiempo seguro que volará. Deja de buscar excusas para no avanzar. Solamente piensa cómo es de importante para ti tu sueño. Si Jesús hubiera tenido poca visión de futuro, ninguno de nosotros habría recibido la salvación. En cambio "por el gozo puesto delante de él sufrió la cruz, menospreciando el oprobio, y se sentó a la diestra del trono de Dios" (He. 12:2).

Si has estado postergando algo, reserva un poco de tiempo para orar solo y con un amigo para averiguar si Dios en efecto te guía a perseguir el objetivo contemplado o si es solo una idea que emanó de tu propio deseo carnal, o por la incitación de alguien más. Una vez que estés convencido de que esto es idea de Dios y no solo una buena idea, pídele que comience a abrir puertas para que la idea se realice. Desde luego, tendrás que pasar por ellas a medida que Él las vaya abriendo.

¿Cuántas veces has tenido una idea original, te has sentado a pensar en ella y más tarde has oído que alguien más la había puesto en marcha? Ah, las patadas que uno mismo se da. "Yo debería, habría, podría…" Tengo que confesar que soy lo opuesto a una persona postergadora. Suelo querer hacer todo en el momento en que lo pienso. Cuando vi la necesidad de hacer un folleto informando cómo asistir y cómo actuar en "cenas de etiqueta", llamé a un impresor el lunes; este me informó que él no hacía proyectos que requirieran el trabajo de diseño gráfico. Sin embargo, él dijo: "Tengo un amigo que lo hace y resulta que está aquí ahora". "Por favor póngalo en el teléfono", contesté. Le mandé por fax mi interpretación del folleto y los comencé a vender el viernes. He hecho algunas revisiones desde entonces, pero el caso es que comencé. Nada tiene que ser perfecto la primera vez.

¿En qué idea estás pensando hoy? ¿Qué pasos prácticos puedes dar en los tres días siguientes que te pongan en el camino de ver tu idea hecha realidad?

Día 27
Saca provecho de tu pasión

Hace telas, y vende, y da cintas al mercader.

PROVERBIOS 31:24

La mujer de Proverbios 31 está aquí otra vez. Vemos en Proverbios 31:22 que ella tiene pasión por la costura, ya que "se hace tapices; de lino fino y púrpura es su vestido". Al principio parece que esto es solo una afición o un pasatiempo, pero en el versículo 24 vemos cómo saca provecho de su arte: ella "hace telas y vende".

Dios ha dado a cada persona un don que tiene valor para alguien más. El apóstol Pablo dijo: "Quisiera más bien que todos los hombres fuesen como yo; pero cada uno tiene su propio don de Dios, uno a la verdad de un modo, y otro de otro" (1 Co. 7:7). Quizás te hayas convencido a ti mismo de que no tienes ningún don por el cual apasionarte. De ser así, piensa otra vez. ¿Qué es lo que haces realmente bien? ¿Qué te han dicho los demás que haces bien? Si el éxito estuviera garantizado y si no hubiera ningún riesgo de vergüenza o pérdida financiera, ¿qué harías en este momento de tu vida?

Día 27: Saca provecho de tu pasión

¿Qué miedo te contiene? ¿Conoces a alguien más que haga lo que te gustaría hacer? ¿Nadie? ¡Entonces piensa que tal vez estés llamado a ser un pionero!

Muchos estudios muestran que la gran mayoría de las personas no están satisfechas con sus empleos. Muchos se sienten insatisfechos porque suponen que no tienen ninguna otra opción inmediata. Otros no quieren invertir tiempo, ni energía ni fondos en aprender habilidades adicionales o aventurarse en su propio esfuerzo comercial. Te desafío a traer tu pasión al ambiente de trabajo. No tienes que ser tu propio jefe para que te guste lo que haces. He tenido puestos en los cuales casi no podía esperar a llegar al trabajo para poner en práctica mi pasión en tareas como procesos eficaces, negociar acuerdos difíciles y solucionar cualquier problema que pudiera surgir. La solución de problemas es una de mis pasiones. Cuando los demás salen huyendo de un asunto como si se tratara de una casa en llamas, me puedes encontrar a mí con la manguera a punto corriendo hacia el problema.

Tu pasión no pasará desapercibida en ningún ambiente y puede traer consigo una ganancia financiera. Desde luego, en un trabajo no puedes tener la libertad de perseguir tu pasión hasta el máximo, pero si intensificas tu experiencia allí, esto podría muy bien convertirse en el trampolín para la realización de tu gran sueño. Ya sea como asalariado o trabajando por cuenta propia, las Escrituras nos instan a ser entusiastas sin importar lo que hagamos. "Todo lo que te viniere a la mano para hacer, hazlo según tus fuerzas; porque en el Seol, adonde vas no hay obra, ni trabajo, ni ciencia, ni sabiduría" (Ec. 9:10).

Ten cuidado con las personas que tratan de apagar tu fuego. Saboteadores de tu pasión los hay a montones. Puede que algunas personas simplemente no compartan tu pasión por un área de interés, mientras que otras simplemente sienten envidia porque tus esfuerzos les recuerdan lo que ellos podrían haber hecho. Tienes que tratar a estas personas como lo harías con una sustancia tóxica: reduciendo al mínimo tu exposición a ellas.

Para equilibrar nuestra discusión, quede claro por favor, que tu deseo de sacar provecho de tu pasión no es una licencia para ser consumido por ella, trabajando hasta muy entrada la noche y nunca oliendo las rosas. Solía decir humorísticamente que yo tenía dos velocidades: rápido y apagado. Yo perseguía siempre mi siguiente objetivo con ganas excesivas. Mi punto fuerte, el estar centrada, se había convertido en un incordio. La vida no debe ser vivida hasta extremos.

Finalmente, puede que tengas que *plantar* antes de poder *cosechar un beneficio*. He ofrecido muchas charlas gratis o por "muestras de cariño" que van desde cestas de regalo a joyas pasadas de moda. He plantado semillas que deseo sembrar. Además, para mí el mensaje era y sigue siendo más importante que el dinero. Lo curioso, sin embargo, es que enseñar el mensaje en libros, cintas, CDs, conferencias y otros medios se ha convertido en un negocio provechoso.

Día 27: Saca provecho de tu pasión

¿Y tú? ¿Qué dones podrías poner a trabajar ahora mismo con pasión? ¿La pastelería? ¿La horticultura? ¿La costura? ¿El mantenimiento de autos? ¿El diseño gráfico? Es tiempo de ponerse en marcha. El dinero seguirá a tu pasión.

Día 28

Afronta los hechos con fe

Y no se debilitó [Abraham] en la fe al considerar su cuerpo, que estaba ya como muerto (siendo de casi cien años), o la esterilidad de la matriz de Sara. Tampoco dudó, por incredulidad, de la promesa de Dios, sino que se fortaleció en fe, dando gloria a Dios.

Romanos 4:19-20

La historia de Abraham me inspira. Él tenía la capacidad única de afrontar hechos, pero no permitir que debilitaran su fe. El hombre tenía 100 años y una esposa de 90 años de edad cuyo tiempo de maternidad había pasado hacía mucho, sin embargo él creyó que tendrían todavía su propio hijo, y lo tuvieron.

¿Has estado alguna vez en una situación en la cual todos los factores estuvieran en tu contra? Hace varios años cuando mi esposo y yo decidimos trasladarnos de nuestra primera vivienda, el precio de la casa en la que habíamos puesto nuestros corazones estaba fuera de lo previsto inicialmente. Nuestro objetivo al mudarnos era estar más cerca de nuestra iglesia y así poder servir en el ministerio con más eficacia. Empezábamos a estar cansados de viajar diariamente al trabajo. Yo deseaba desde hacía mucho tiempo tener una casa con una vista del perfil de Los Ángeles. Esa vista con su fila de hermosas sierras como telón de fondo. Sucedía que la iglesia estaba solo a unos minutos de una vecindad muy montañosa con vistas imponentes. Nuestro pastor, el fallecido doctor H. Marvin Smith, nos dijo que no limitáramos a Dios con nuestro presupuesto en esta transacción porque habíamos sido fieles en nuestro servicio y nuestra administración. Encontramos una casa que nos gustó enseguida e hicimos una oferta por ella. El vendedor la rechazó de inmediato. No nos sentimos guiados a aumentar la oferta, así que dijimos: "Que se haga la voluntad del Señor". Unas semanas más tarde, el vendedor se ablandó, pero exigió un depósito del 10% en un plazo de pocos días. Teníamos el 1% a mano. Dios estratégicamente hizo que mi jefe inmediato, nada dispuesto a ayudar, dejara la ciudad durante este período. Yo trabajaba para una compañía muy importante en aquel momento y tenía el favor del ayudante administrativo del tesorero corporativo. Cuando le pedí directamente un préstamo temporal hasta que pudiéramos vender nuestra casa actual, él lo aprobó inmediatamente, sin fecha de vencimiento o fianza. Esto no era otra cosa que un milagro. Después de vencer numerosos obstáculos que amenazaban con hacer descarrilar la compra, finalmente nos trasladamos a la nueva casa y disfrutamos muchos años de la enriquecedora compañía de los miembros de nuestra iglesia, familia y amigos. Fue realmente la casa de Dios.

Puedo contar un número interminable de otras situaciones donde parecía que los hechos iban a frustrar mis bendiciones financieras. Hasta fui a una escuela para graduados con una beca y obtuve una maestría en finanzas corporativas de la Universidad del Sur de California, después de que me informaron que había sido rechazada debido a la baja puntuación que había logrado en el examen de admisión. El hecho era que ellos solo aceptaban a candidatos que habían alcanzado al menos un número mínimo de puntos. Le dije al Señor: "Vas a quedar realmente mal porque durante estos últimos seis meses he estado diciendo que iba a tener un permiso de excedencia para volver a estudiar". Estaba tan decepcionada que fui a Europa y gasté el dinero que había ahorrado antes de ser aceptada. Sin embargo, Dios trabajaba entre bastidores. Un mes antes de que comenzara el curso, me informaron que habían cambiado de opinión y me concedían la beca que incluía el pago de todos los gastos más salario. Yo no sabía si llorar o gritar. ¡Estaba tan motivada económicamente que terminé el programa de dos años en siete meses!

Nunca debemos permitir que los hechos ensombrezcan nuestra fe. La Biblia está llena de historias de fe que se imponen a los hechos. Por ejemplo, Pedro, Santiago y Juan daban por terminadas sus labores de pesca tras una noche infructuosa de trabajo cuando Jesús vino y

Día 28: Afronta los hechos con fe

les ordenó que lo intentaran de nuevo. Si los peces no habían mordido el anzuelo por la noche, seguramente el día era el peor momento para esperar cualquier resultado. Sin embargo, ellos no hicieron caso de estas suposiciones, actuaron de acuerdo a la palabra de Jesús, y experimentaron una pesca milagrosa que casi rompía la red (Lc. 5).

¿Has permitido que hechos concretos rompan tus esperanzas financieras? ¿Acaso tu puntuación FICO te coloca entre los "indeseables"? ¿Está tu nivel de deudas fuera del alcance del préstamo tradicional de tu banco? ¿Ningún pago inicial? ¿Ninguna fianza? ¿No llevas tiempo suficiente en el trabajo? ¿No tienes ningún historial de crédito? ¿Hay algo que necesites urgentemente y esté fuera de tu presupuesto? ¿Vas a sucumbir a estos hechos, o tienes fe para pedir a Dios un milagro? Pues debes saber que al igual que las personas se especializan en ciertos asuntos en la universidad, Dios tiene también su especialidad: Él se especializa en imposibilidades.

Ahora me gustaría darte un consejo. Es mucho más fácil tener fe cuando has sido obediente. Mucho antes de que Abraham recibiera el hijo que se le prometió, tenía un historial de obediencia a Dios. Cuando Dios estuvo listo para bendecirlo en abundancia, dijo a Abraham que dejara a sus parientes paganos y se trasladara a un lugar aún no decidido que Dios le mostraría. No hay ninguna prueba de que Abraham hubiera vacilado (ver Gn. 12). Obedeció inmediatamente. Respondió de una manera similar cuando Dios le dijo que ofreciera a Isaac, el hijo prometido largamente anhelado, como sacrificio. Él obedeció sin preguntar y Dios encontró un sustituto para la ofrenda de sacrificio (Gn. 22). ¡Qué modelo de fe!

Cada vez que he necesitado la intervención divina en una transacción financiera, rápidamente le he recordado a Dios sus promesas para con el que es fiel. Como la fe viene de oír, memorizo sus promesas. Las escribo al dorso de viejas tarjetas de presentación para recitarlas mientras camino. Las pongo en marcos para mantenerlas a la vista durante el día. Las escribo a máquina en letras grandes y las fijo en mi cinta de correr mecánica. Las declaro en voz alta. "Determinarás asimismo una cosa, y te será firme, y sobre tus caminos resplandecerá luz" (Job 22:28). Esto edifica mi fe y evita que me encierre en los hechos. Trato de tener presente que "es, pues, la fe la certeza de lo que se espera, la convicción de lo que no se ve" (He. 11:1). En palabras de mi amiga la doctora Judy McAllister: "Cuanta más fe tienes, menos pruebas necesitas".

¿Qué hechos afrontas hoy? Declara la Palabra de Dios y no dejes que ensombrezcan tu fe.

Día 29
Busca apoyo

Los pensamientos son frustrados donde no hay consejo; mas en la multitud de consejeros se afirman.

Proverbios 15:22

Ningún hombre es una isla. Aunque puede que realmente te sientas aislado en tu tentativa de controlar tus finanzas, Dios no espera que trates de solucionar los problemas solo. Desde amigos a agencias formales de orientación de deuda, la ayuda está a solo una llamada de distancia.

El primer lugar donde buscar ayuda cuando tus finanzas están fuera de control es en un amigo o miembro de la familia de confianza, económicamente astuto, que crea en la Biblia, el cual pueda darte un buen apoyo, consejo, y ayudarte a ser responsable. "Sobrellevad los unos las cargas de los otros, y cumplid así la ley de Cristo" (Gá. 6:2). No obstante, me doy cuenta de que la mayor parte de las personas se sienten demasiado avergonzadas para dejar que alguien conozca las malas decisiones que han tomado y que les han llevado donde están. Esta clase de pensamiento te mantendrá en números rojos. Pide al Espíritu Santo que te ayude a superar la vergüenza de modo que puedas acelerar tu fuga de la esclavitud financiera. Además, por si te ayuda en algo, hay muchísimas personas en tu misma situación.

Hace unos años me senté con un familiar muy cercano que estaba en extremos aprietos económicos. Pasamos horas estudiando minuciosamente cuentas de tarjeta de crédito, comprobantes de cheques de salario y otros documentos. Ella se había divorciado y su marido había sido bastante irresponsable en el manejo de las finanzas. Una incautación del auto, varios cargos por incumplimiento y unos cuantos contratiempos económicos pintaban un cuadro triste para su futuro crédito. Además, para aliviar el impacto emocional del divorcio, ella había recurrido a la "terapia del centro comercial" y acumuló bastantes gastos en las tarjetas de crédito. Aunque yo realmente comprendía y me compadecía de su grave situación, hasta el punto de querer sacarla del apuro consolidando toda su deuda con un préstamo personal, decidí que ella necesitaba la disciplina de encontrar la salida del agujero por sí misma. Me eché todavía un poco más para atrás cuando vi que ella apenas daba algo a su iglesia. Aunque yo no veía el modo en que ella podría hacerlo, le sugerí que comenzara a dar a Dios lo que le debía. Calculamos un plan estratégico que ella se comprometió a seguir. Le hice algunas llamadas de seguimiento durante los

Día 29: Busca apoyo 153

meses siguientes. Tres años más tarde, ella paga sus diezmos y pisa terreno financiero estable. También se compró una casa y la han ascendido varias veces en su trabajo. Nunca hablamos de los detalles de su situación con otros miembros de la familia.

Si no tienes un pariente o amigo que pueda proporcionarte dirección significativa y hacerte un seguimiento y realmente no tienes ni idea de qué hacer, tal vez deberías probar los servicios de una agencia de orientación de crédito. Más de nueve millones de americanos con problemas económicos buscan anualmente la ayuda de agencias de orientación de crédito. En los últimos años, algunas agencias se han ganado una mala reputación por presionar a clientes a pagar honorarios altos "voluntarios" y por ponerlos rápidamente en planes de administración de deudas que exigen recargos excesivos. Hubo algunas historias terroríficas de agencias de administración de deudas que recaudaban los fondos mensualmente de las cuentas de los clientes y no enviaban los pagos a los acreedores a tiempo. Sería bueno, pues, esforzarse en encontrar una agencia cristiana seria cuyo consejo esté basado en principios bíblicos y que se tome el tiempo necesario para entender tus circunstancias particulares. Asegúrate de que la agencia pone por escrito los honorarios que cobrará y que tú los entiendes y puedes pagarlos. No aceptes una recomendación personal, haz una búsqueda en Internet para encontrar una en tu zona. Manténte lejos de agencias seculares que pueden animarte a poner tu obligación con Dios en suspenso hasta que ésta cobre más sentido sobre el papel. Vas a necesitar el favor y la intervención sobrenatural para encaminar tus finanzas. Dar demuestra que ejerces la fe y plantas semillas para que el poder de Dios trabaje en tu vida. "Mas el justo vivirá por fe; y si retrocediere, no agradará a mi alma" (He. 10:38).

Aquí está lo esencial de lo que puedes esperar en general de una agencia de orientación de crédito: te cobrarán una cantidad inicial y unos honorarios mensuales por sus servicios. Se pondrán en contacto con tus acreedores para calcular pagos inferiores, solicitar que dejen de cargar gastos adicionales por pago tardío y otras multas y hasta calcular una reducción o la eliminación de gastos de interés. Ellos no se ponen en contacto con compañías de servicios, compañías de seguros, o acreedores asegurados (aquellos que sostienen un interés de seguridad en las cosas que has comprado, como casa, vehículos, etc.). Si esta es la clase de ayuda que necesitas para salir de números rojos, adelante. "Escucha el consejo, y recibe la corrección, para que seas sabio en tu vejez" (Pr. 19:20).

Si el pensamiento de un potencial fraude en la orientación de crédito te espanta, puedes decidir encontrar la salida del hoyo tú solo. No te desesperes. Sabes lo que hay que hacer. Lee de nuevo los capítulos anteriores. Desarrolla un plan y trabaja en él. Sé paciente. Tardaste más de un mes en poner las cosas como están y tardarás más de un mes en salir de los números rojos. Realmente es como hacer dieta. Limítate a ser consecuente en la aplicación de los principios que hemos hablado. Escucha el impulso del Espíritu Santo. Cuando Él encienda la luz roja, presta atención a ello. "Me has guiado según tu consejo, y después me recibirás en gloria" (Sal. 73:24).

Día 30

Cultiva el contentamiento

No lo digo porque tenga escasez, pues he aprendido a contentarme, cualquiera que sea mi situación.

FILIPENSES 4:11

Alguien dijo una vez: "El problema de la mayor parte de las personas es que su capacidad de ganar dinero no iguala su capacidad de desear cosas". Así que, ¿cuándo tienes realmente bastante? ¿Te sientes incapaz de disfrutar de lo que tienes porque tus pensamientos siempre parecen vagar hacia lo que no tienes? El contentamiento debería ser el objetivo de cada persona que desea tener libertad financiera. En nuestra sociedad consumista, alguien que está conforme con lo que tiene es visto por las masas como perezoso y sin ambición. Es interesante que varias encuestas muestren que las personas se sentían más ricas en la década de los cincuenta que ahora cuando tenemos casas más grandes, reproductores de DVD, comidas congeladas bajas en calorías, televisión por cable, teléfonos celulares e Internet. ¿Por qué es esto así? Yo diría que es porque

Día 30: Cultiva el contentamiento

estamos abrumados intentando obtener y mantener demasiadas cosas. La mayor parte de las personas no han aprendido cómo sentirse satisfechas. Benjamín Franklin capturó nuestro dilema con sus palabras memorables: "El dinero nunca ha hecho a un hombre feliz aún, ni lo hará. No hay nada en su naturaleza que pueda producir la felicidad. Cuanto más tiene un hombre, más quiere. En vez de llenar un vacío, crea uno".

Veamos el contentamiento como lo enseña la Biblia. Pablo dijo que "gran ganancia es la piedad acompañada de contentamiento" (1 Ti. 6:6). Debemos entender que la insatisfacción es un estado de la mente en el cual una persona nunca se siente suficientemente satisfecha con sus bienes presentes. Por otra parte, el contentamiento es un estado del corazón. Un cristiano contento dice: "Padre, te agradezco por todo aquello con lo que estoy siendo bendecido ahora mismo y descanso en tu promesa de darme los deseos de mi corazón y suplir cada necesidad que tengo según tus riquezas en gloria. Tú ves los objetivos financieros que te he presentado. Recibo tu gracia para hacer todo lo que se supone que debo hacer y te dejo el resto". Conseguirás sentir satisfacción una vez que decidas que bastante es bastante.

Estar contento no significa ser complaciente. Una persona complaciente tiene suficiente con lo que tiene y no desea más. El cristiano que está contento está satisfecho porque sus bendiciones materiales están en una lista de entrega planeada y en el tiempo designado se harán realidad. Debemos entender que Dios siempre ha trabajado según un horario establecido. Él envió a su Hijo a la tierra en "el cumplimiento del tiempo" (Gá. 4:4). Él promete exaltarnos "cuando fuere tiempo" (1 P. 5:6). Tu bendición financiera vendrá en el tiempo designado. Debes rendirte al horario soberano de Dios. Es un gran alivio quedarse tranquilo en la seguridad de que la bendición es para un tiempo establecido. No es sorprendente, pues, que el apóstol Pablo exclamara que la piedad con contentamiento es una gran ganancia (1 Ti. 6:6). Alguien que ha conseguido este nivel de madurez espiritual ha ganado en efecto la victoria sobre la ansiedad y la fuerza de gravitación del materialismo.

Veamos un par de antídotos contra la insatisfacción.

Gratitud

Uno de los pasos clave para matar la insatisfacción es volverse agradecido por todo. No dar nada por supuesto. Al final de cada día, toma unos minutos para recordar cada provisión que Dios ha hecho para ti y tu familia ese día. ¿Llevaste hoy el auto a trabajar? ¿Elegiste hoy qué ropa usar? ¿Pudiste hoy obtener el alimento que quisiste?

Relaciones sólidas

Un factor clave para evitar el escollo de la insatisfacción es centrarse más en las relaciones personales y menos en las cosas materiales. Cuando leemos el relato de la mujer sunamita a quien Eliseo quiso expresar su agradecimiento por añadir una habitación en su casa únicamente para él y su criado, de inmediato sentimos su contentamiento:

> *Entonces dijo a Giezi su criado: Llama a esta sunamita. Y cuando la llamó, vino ella delante de él. Dijo él entonces a Giezi: Dile: He aquí tú has estado solícita por nosotros con todo este esmero; ¿qué quieres que haga por ti? ¿Necesitas que hable por ti al rey, o al general del ejército? Y ella respondió: Yo habito en medio de mi pueblo* (2 R. 4:12-13).

Aunque era estéril, no se había centrado en lo que faltaba en su vida, sino más bien en lo que tenía: relaciones significativas. No le preocupada subir en la escala social. No tenía ninguna necesidad de que alguien hablara al rey en su nombre, gracias. Había encontrado el contentamiento en sus relaciones. Muchas personas gastan miles de dólares en ir a sitios lejanos y alternar con gente que nunca volverán a ver en lugar de invertir tiempo de calidad en edificar relaciones significativas en casa.

La mujer sunamita tuvo la sabiduría de decir: "Tengo bastante". Aunque fue bendecida con abundancia suficiente para poder construir una habitación adicional para el profeta, nada sugiere que ella buscara algo más. Estaba contenta de servir a Dios y honrarlo con los recursos con los cuales ella había sido bendecida.

Conozco a una pareja que ha tomado una decisión

muy deliberada y sabia de llevar un modo de vida más simple a fin de pasar más tiempo con su familia. Estoy segura de que les gustaría tener más bienes materiales, pero ellos han decidido evitar la tensión asociada con el tratar de adquirir y pagar una cosa, y otra, y otra. Ellos han dicho: "Tenemos bastante". Por consiguiente, son mucho más creativos en sus actividades sociales, y un aura de paz les rodea. Sus amigos más estresados buscan su compañía como un asilo de la locura de materialismo insaciable que impregna nuestra sociedad actual. Jesús hizo una advertencia fuerte a sus discípulos que todavía hoy es adecuada: "Mirad, y guardaos de toda avaricia; porque la vida del hombre no consiste en la abundancia de los bienes que posee" (Lc. 12:15).

La capacidad de estar contento es una disciplina espiritual que probablemente la mayor parte de nosotros buscaremos toda la vida al intentar controlar nuestras finanzas. La clave está en comenzar hoy.

Epílogo

Puede que no hayas sido capaz de poner en práctica todas las sugerencias de este libro en 30 días, pero puedes comprometerte a *comenzar* a poner en práctica los principios que te conducirán de la esclavitud a la libertad financiera. Administrar tu dinero con eficacia tiene que ver con la toma de decisiones correctas. La opción más importante es hacer que Dios sea tu socio en cada transacción y dejar que Él diga la última palabra. Estudia las Escrituras sobre el dinero y la administración para entender bien la opinión y las directivas de Dios en cuanto a tus finanzas.

Practica entender tus propios motivos y necesidades interiores cuando planificas los gastos; a veces no están muy claros. Puede haber momentos en que sean evidentes, pero tal vez no quieras afrontar la verdad. Encontrarás libertad y paz cuando dejes que la luz de la Palabra de Dios desafíe las cosas que son contrarias a lo que Él piensa que es mejor para tus finanzas. "He aquí, tú amas la verdad en lo íntimo, y en lo secreto me has hecho comprender sabiduría" (Sal. 51:6).

No cometas el error de planificar poniendo a Dios en espera hasta que puedas restablecer el equilibrio. Tal vez nunca llegues allí sin Él. Él quiere conducirte a la victoria, porque "es poderoso para hacer todas las cosas mucho más abundantemente de lo que pedimos o entendemos, según el poder que actúa en nosotros" (Ef. 3:20).

Deténte, piensa y ora antes de pagar.

Apéndice A

Lo que poseo y lo que debo

DESDE _____

Activos (Lo que poseo):
    Dinero efectivo en bancos _____
    Acciones y bonos _____
    Valor en efectivo de la póliza de
        seguros de vida total _____
    Joyas/Arte/Ropa _____
    Vehículos _____
    Casa/Condominio _____
    Propiedad de alquiler _____
    Otro: _____ _____
    Otro: _____ _____
    Total activos _____

Pasivos (Lo que debo):
    Tarjeta de crédito #1: _____ _____
    Tarjeta de crédito #2: _____ _____
    Tarjeta de crédito #3: _____ _____
    Préstamo del auto _____
    Préstamo hipotecario _____
    Préstamo para los estudios _____
    Otro: _____ _____
    Otro: _____ _____
    Total pasivos _____

    Valor neto (activos menos pasivos) _____

Apéndice B

El dinero que gano y cómo lo gasto

Ingresos (después de impuestos):
    Fuente 1: _____
    Fuente 2: _____
    Total ingresos _____

    Menos: Diezmos/Ofrendas _____
    Menos: Ahorros
    Ingresos netos disponibles _____

Gastos fijos:
    Alquiler/Hipoteca _____
    Préstamo del auto/Gastos de
        transporte público _____
    Seguro del auto _____
    Pago de tarjeta de crédito: _____
    Pago de tarjeta de crédito: _____
    Agua/Gas _____
    Electricidad _____
    Seguro médico/Seguro de vida _____
    Total gastos fijos _____

Gastos variables:
    Reparación/Mantenimiento del auto _____
    Almuerzos _____
    Comestibles _____
    Ocio/TV cable _____
    Lavandería/Tintorería _____
    Teléfono _____

Apéndice B

Gasolina _____
Ropa _____
Arreglo personal (peluquería, etc.) _____
Reserva para vacaciones _____
Otro: _____
Otro: _____
Total gastos variables _____

Total gastos fijos y variables: _____

Exceso (o déficit) neto _____

Apéndice C

Seguimiento de tus gastos variables

Semana 1	Lun.	Mar.	Mié.
Mantenimiento del auto			
Reparación del auto			
Lavado del auto			
Café (mañana)			
Tentempiés (tarde)			
Comer fuera			
Cenar fuera			
Alimentos			
Ocio			
Manicura/pedicura			
Teléfono celular			
Teléfono fijo			
Gasolina			
Ropa			
Tintorería			
Peluquería			
Cosméticos			
Otros			
Otros			
Otros			
Otros			
Otros			
Total de gastos			

Apéndice C

Jue.	Vie.	Sáb.	Dom.

Semana 2	Lun.	Mar.	Mié.
Mantenimiento del auto			
Reparación del auto			
Lavado del auto			
Café (mañana)			
Tentempiés (tarde)			
Comer fuera			
Cenar fuera			
Alimentos			
Ocio			
Manicura/pedicura			
Teléfono celular			
Teléfono fijo			
Gasolina			
Ropa			
Tintorería			
Peluquería			
Cosméticos			
Otros			
Otros			
Otros			
Otros			
Otros			
Total de gastos			

Apéndice C

Jue.	Vie.	Sáb.	Dom.

Semana 3	Lun.	Mar.	Mié.
Mantenimiento del auto			
Reparación del auto			
Lavado del auto			
Café (mañana)			
Tentempiés (tarde)			
Comer fuera			
Cenar fuera			
Alimentos			
Ocio			
Manicura/pedicura			
Teléfono celular			
Teléfono fijo			
Gasolina			
Ropa			
Tintorería			
Peluquería			
Cosméticos			
Otros			
Otros			
Otros			
Otros			
Otros			
Total de gastos			

Apéndice C

Jue.	Vie.	Sáb.	Dom.

Semana 4	Lun.	Mar.	Mié.
Mantenimiento del auto			
Reparación del auto			
Lavado del auto			
Café (mañana)			
Tentempiés (tarde)			
Comer fuera			
Cenar fuera			
Alimentos			
Ocio			
Manicura/pedicura			
Teléfono celular			
Teléfono fijo			
Gasolina			
Ropa			
Tintorería			
Peluquería			
Cosméticos			
Otros			
Otros			
Otros			
Otros			
Otros			
Total de gastos			

Apéndice C

Jue.	Vie.	Sáb.	Dom.

Apéndice D

Visión prematrimonial 20/20
Prueba sobre compatibilidad financiera

Instrucciones: El objetivo de este examen es determinar si una pareja tiene la misma visión respecto a las finanzas. Los dos deben contestar francamente "Sí" o "No" a cada una de las preguntas siguientes. Cuando termine, deberían comparar sus respuestas y sinceramente hablar de las áreas de conflicto potencial. Una respuesta "Sí" a cualquiera de las preguntas por uno o el otro debería ser considerada una bandera roja que no debería ser ignorada.

	Él	Ella	
1.	___	___	No estoy de acuerdo con o no practico pagar el diezmo a la iglesia.
2.	___	___	No ahorro dinero sistemáticamente de mis ingresos.
3.	___	___	Tengo ahorros de menos que cuatro semanas de salario neto en el banco.
4.	___	___	No tengo una cuenta corriente. Prefiero pagar mis facturas con dinero efectivo o giro postal.
5.	___	___	No tengo la ilusión de comprar una casa.
6.	___	___	Compro signos exteriores de prestigio social (autos, ropa, etc.) acordes a la imagen que deseo transmitir a otros.
7.	___	___	No creo que una esposa debiera trabajar.
8.	___	___	Creo que el que gana más dinero debería

Apéndice D

tener la última palabra en los asuntos financieros de la casa.

9. ____ ____ Creo que todos los gastos deberían ser compartidas al 50-50.

10. ____ ____ Creo que no hay nada malo en que un cónyuge tenga una cuenta bancaria "secreta" mientras él o ella pague su parte de las facturas.

11. ____ ____ No participo en el programa de contribución para la jubilación de mi compañía, o, siendo trabajador autónomo, no hago contribuciones para mi jubilación.

12. ____ ____ He tenido al menos tres trabajos diferentes en los últimos cinco años.

13. ____ ____ A menudo me hago cargo de la cuenta cuando como fuera con la familia y los amigos, aunque tenga que pagar con tarjeta de crédito porque no tengo suficiente dinero en efectivo.

14. ____ ____ Mi puntuación FICO está por debajo de 675.

15. ____ ____ No veo ningún problema en firmar como aval para la autorización de un préstamo personal a un amigo cercano o miembro de la familia.

16. ____ ____ Solo puedo hacer el pago mínimo en mi tarjeta de crédito y otras deudas más.

17. ____ ____ Actualmente voy retrasado en el pago de un préstamo personal u otras deudas.

18. ____ ____ He solicitado bancarrota en los últimos diez años.

19. ____ ____ Tengo un compromiso financiero con mi antigua esposa, padre, hijos, negocio fracasado, o_____ que seguirá después de que esté casado o casada.

20. ____ ____ Creo que está bien decir "una pequeña mentira piadosa" para ahorrar dinero o conseguir otra ventaja financiera.

Apéndice E

La trampa de las tarjetas de crédito

La siguiente tabla muestra que una compra con tarjeta de crédito de 5.000 dólares costaría 12.115 dólares si se liquida haciendo el pago mínimo mensual requerido. Tardarías 26 años en reducir el saldo a cero. Se muestra el saldo pendiente y el pago mínimo al final de varios momentos de tiempo para demostrar cómo funciona el sistema para estirar la deuda.

Suposición: Hacer solo el pago mínimo requerido cada mes del 2,5% del saldo pendiente. Tasa de intereses: el 18% anual, o el 1,5% por mes.

Mes #	Año #	Pago mínimo	Interés	Reducción de saldo	Saldo Restante
					5.000,00
1	0,1	125,00	75,00	50,00	4.950,00
2	0,2	123,75	74,25	49,50	4.900,50
12	1,0	111,92	67,15	44,77	4.431,92
24	2,0	99,20	59,52	39,68	3.928,39
60	5,0	69,09	41,45	27,63	2.735,78
120	10,0	37,80	22,68	15,12	1.496,90
180	15,0	20,68	12,41	8,27	819,04
240	20,0	11,32	6,79	4,53	448,14
313	26,1	8,50	0,13	8,37	-
Total pagado		12.115,43	7.115,42	5.000,00	

Si el pago original mínimo de 125 dólares hubiera sido enviado cada mes, el saldo habría sido pagado en 62 meses o 5,2 años contra 26,1 años.